UN COUP À PRENDRE

Xavier De Moulins est journaliste. Après avoir été pigiste pour *Le Monde*, *Vogue* ou *Les Inrockuptibles*, il apparaît à l'écran dans *Nulle part ailleurs*, *+Clair*, *Nous ne sommes pas des anges* et *Paris Dernière*. Il présente le journal télévisé sur M6. *Un coup à prendre* est son premier roman.

XAVIER DE MOULINS

Un coup à prendre

ROMAN

AU DIABLE VAUVERT

ISBN : 978-225-3-16675-7 – 1re publication LGF

À Anaïs.

« Les pères de famille, ces grands aventuriers du monde moderne. »

Charles PÉGUY.

1

Chez le pédiatre

La poussette n'avance pas sous cette pluie, Claire s'amuse à bloquer les roues avec son doudou. Le vent tord les arbres à en faire des arcs, nous revient en boomerang et nous crache dessus. Il est 15 heures et le ciel est gris-noir, sombre et bien bas sur le trottoir le long de l'avenue déserte. Nous ne cherchons plus à esquiver les flaques, plongeons dans les ruisseaux de fatigue et de dépit. Mon installation ne tient pas, une main sur le guidon et l'autre sur le plastique, l'eau passe à travers et sur les côtés. Je stoppe une nouvelle fois sans succès pour essayer de fixer la capote : en retard et trempé.

La vendeuse m'avait pourtant bien expliqué avec un petit sourire narquois que mettre une capote est à la portée de tout le monde.

— Ça a l'air fastoche, avais-je répondu énervé.

— Oui, très fastoche, ce qu'il faut c'est ne pas l'oublier quand il pleut.

Elle avait souri à sa collègue et levé les yeux au ciel en m'indiquant la caisse et le retrait des achats.

179 euros pour un quatre roues MacLaren rose fuchsia, j'avais trouvé ça raide, mais la poussette et sa bâche amovible plaisaient beaucoup à Claire. Elle l'avait choisie direct, comme on craque pour un chien à la SPA ou une fille en boîte de nuit, au feeling, sans se poser de question.

Elle s'était assise dedans, m'avait regardé d'un air de défi, avait poussé un cri séditieux au cas où j'aurais caressé l'idée de faire marche arrière.

Puis elle était descendue hilare, pour foncer d'un pas décidé vers le rayon des peluches et des jouets, et nous étions repartis avec cette voiture d'enfant flambant neuve, le salon de beauté Polly Pocket, une maison Poney Ville et un sac Hello Kitty.

Claire nous regarde dans le miroir de l'entrée et part dans un grand éclat de rire qui secoue sa petite tête blonde, illumine ses yeux noirs, souligne ses joues roses et ouvre grand sa bouche dents de lait. Elle trouve ça très drôle qu'on débarque tout mouillés dans le hall du Dr Richard.

Pour une fois la salle d'attente n'est pas bondée.

Une femme et son fils, anorak noir Spiderman, coupe au bol, air sadique, le garçon pas la mère, se lèvent et s'en vont.

Manche tordu, embout mâchouillé, un aspirateur miniature traîne au milieu de la pièce. Je demande à Claire de ne pas y toucher à cause des microbes.

Des dessins encadrés et des cartes postales tapissent le mur. Je m'arrête sur la falaise aux crayons de couleur d'un certain Antoine.

L'artiste porte le même prénom que moi. Son soleil pleure des larmes de chocolat au-dessus du précipice. Son soleil chiale, il a la morve au nez des grands soirs et des corps d'enfants tombent à pic dans une mer agitée marronnasse.

Claire tripote l'aspirateur et porte l'embout à sa bouche.

— Mon amour, arrête ! Papa a dit non.

Je l'installe sur mes genoux et la serre fort dans mes bras.

Des taches suspectes sur le canapé rouge, vestiges frelatés d'urine et de vomi, de souffrances enfantines, dessinent des motifs sur le velours usé, j'y vois des papillons morts.

Je cherche un lavabo pour nous laver les mains.

Rien ne coule. Un peu inquiet, j'imagine cette salle pleine de miasmes.

Le Dr Richard est une femme. C'est la pédiatre de mes enfants depuis le début et, comme chaque fois, elle s'excuse sans le penser pour son retard.

Je lui envoie un sourire timide avant de suivre sa blouse blanche dans le minuscule couloir qui mène à son cabinet.

Mon téléphone n'a plus de batterie, Alma va encore m'attendre à l'étude, je vais me faire engueuler par la maîtresse.

Tandis que je prends place, je me répète en fermant les yeux ce que je me répète chaque jour depuis plus d'un an, que tout ça n'est pas bien grave, seulement un coup à prendre.

Le Dr Richard n'a plus vingt ans, mais elle est plutôt bien roulée. C'est une pédiatre qui n'a jamais eu d'enfants, forcément ça conserve.

Un jour, j'ai dit à Alice que je trouvais ça bizarre d'avoir une pédiatre stérile. Elle m'a répondu que pour elle ça n'avait pas d'importance.

— D'abord tu ne sais pas si elle est stérile, et puis est-ce qu'on demande à un vétérinaire d'avoir des vaches ?

Alice a toujours le mot juste.

— Vous auriez dû lui retirer son blouson et son bonnet en attendant, cher Monsieur, dehors il fait froid mais ici il fait chaud, et en plus des poux et de la varicelle, c'est la saison des pneumonies.

Le Dr Richard articule avec application et me parle comme à un gosse ou un débile mental.

Je me méfie de sa douceur, de sa tête légèrement inclinée, de sa sollicitude de façade, de ses yeux plissés, culpabilisants.

Si j'étais une femme, le Dr Richard ne me regarderait pas avec cette distance ironique, elle me regarderait avec la compassion qui s'impose.

Elle porterait sur moi un œil complice, nous nous comprendrions, elle n'aurait plus besoin de décomposer chacun de ses mots en me toisant comme si j'étais un mongolien, elle me traiterait enfin d'égal à égal.

— Ça a commencé quand exactement son rhume et ses boutons ?
— Je ne sais pas.
— Vous ne savez pas ?

Long silence.

Le Dr Richard sait pourtant que je n'ai Alma et Claire qu'une semaine sur deux. C'est simple à piger, non, même pour une pédiatre misandre à deux doigts de la retraite, que je ne sache pas exactement quand a commencé le rhume de Claire, vu que sa mère ne m'a même pas dit que notre enfant avait le nez qui coulait, des boutons sur le ventre et l'œil droit qui pleurait comme une madeleine.
— Je ne sais pas !
— Ce n'est pas grave, Monsieur Duhamel, c'était juste une question.

Je m'imagine que nous roulons en pleine nuit sur l'autoroute. Elle regarde fixement à travers le pare-brise et tire sur sa blouse blanche parce qu'au fond elle a peur de la froisser. Je regarde la route et la dévisage du coin de l'œil à 360.
Je la sens inquiète. Dans la nuit, seule avec moi, le Dr Richard a la frousse.

À la station-service, elle part faire pipi discrètement. Quand elle revient, les portes sont fermées à clé, j'avance doucement et je démarre, je la laisse dans le noir.

Sur la route, je regrette de ne pas avoir eu le cran de l'asperger d'essence et de craquer une allumette. Je me dis que je suis lâche et je continue mon chemin plein phares.

— Monsieur Duhamel ?

Le docteur a réussi à acheter Claire avec un album de Mickey. Du coup, Claire a accepté de monter toute nue sur sa table de consultation, d'ouvrir grand la bouche, de « faire Ah », et de ne pas vomir quand elle lui enfonce sa spatule en bois dans la bouche pour lui inspecter les amygdales à la torche.

Elle a diagnostiqué une rhinite aiguë et un début de varicelle.

— L'œil qui pleure, c'est certainement dû à la pollution ou à la cigarette, me dit-elle froidement en avisant mon paquet posé sur sa table juste à côté du doudou. Monsieur Duhamel, il est peut-être temps d'arrêter. Il en va de la santé de vos filles.

Je ne réponds pas, je glisse ma main dans la poche intérieure de mon manteau, manque de sortir un Xanax, puis dégaine mon chéquier.

Après la remarque sur le bonnet et le blouson, elle ne m'aura pas sur le carnet de santé, j'ai pensé à le prendre avant de partir.

2

À la pharmacie

Je pose Claire sur le comptoir et je tends l'ordonnance du Dr Richard à la pharmacienne, elle nous regarde à peine et nous tourne le dos sèchement. Claire donne des coups avec ses pieds et fait tomber du présentoir des boîtes de préservatifs qui s'écroulent comme un château de cartes. Gêné, je me baisse pour les ramasser, parcours songeur les slogans sur les cartons des emballages qui s'empilent à mes pieds : élégance, duo qui dure, force, plaisir intense, lubrifié, XXL. À quand remonte ma dernière fois ? Je repose machinalement les paquets sur leur étagère et repars avec un débouche-nez, trois tubes homéopathiques, une boîte de suppositoires, un sac de lingettes, un savon Saforelle, et ma fille derrière moi qui s'amuse à faire traîner son doudou par terre. Il s'appelle Clarence.

C'est un éléphant beige qui a viré au gris à force de sniffer les caniveaux et les pots d'échappement.

C'est un doudou urbain. Il déteste la campagne, il se perd systématiquement sur les chemins, dans les bois, le long des ruisseaux. Une fois j'ai même organisé une battue avant de le retrouver le cul planté dans les ronces au pied d'un vieux marronnier centenaire. Son corps est constellé de taches, biscuits écrasés, compote de pommes à boire, spaghetti à la sauce tomate, purée, vinaigrette, pâte à modeler, mousse au chocolat, colle, crotte de nez.

À l'origine, Clarence n'a pas le nez de travers, mais une trompe qui file droit, il n'a pas un trou à la place de l'œil gauche transformé en coffre à trésor, mais une prunelle chocolat. À l'origine, le doudou de ma fille n'est pas un monstre. Mais aujourd'hui il en a tout l'air, avec son crâne dégarni, ses longs poils de barbe orange et sa touffe de moine qui bat sur les côtés. Ses oreilles sont toujours aussi gigantesques mais plus écartées. Cassée en deux, celle de droite ne tient plus toute seule depuis belle lurette, elle est beaucoup plus sale que celle de gauche qui s'applique à rester haute et fière.

Je ne comprends pas ce qui explique un tel favoritisme. Une chose est sûre, c'est son oreille préférée.

Sa dévotion curieuse tient du fanatisme et va très loin, limite fétichiste. Le soir, pour trouver le sommeil, elle en badigeonne soigneusement de bave l'extrémité en la léchouillant pendant de longues minutes. Une fois l'oreille bien mouillée, elle tortille la pointe entre ses petits doigts. Sa préparation terminée, elle s'endort en reniflant l'odeur animale de sa mixture.

Claire installée dans la voiture, sanglée dans son siège auto, je lui fais promettre d'être sage, le temps d'aller chercher sa sœur à l'école.

Claire serre très fort son compagnon dans ses bras, je lui tends un livre pour qu'elle lui lise une histoire. Ça roule sacrément bien, pour un vendredi soir.

3

À l'école

— Bonjour Monsieur, vous êtes encore une fois le dernier… Ce serait bien…

— Oui je sais ce serait bien si vous disiez à Alma de se dépêcher parce que je suis garé en double file, là, et que j'ai laissé sa sœur, Claire, trois ans, toute seule dans la voiture.

La maîtresse d'Alma s'appelle Béatrice Sauvignon, elle a dix ans de moins que moi et chaque fois que je me plante devant elle, j'ai ce côté petit garçon, ça m'énerve, elle le sent.

Elle est lisse et autoritaire, un contraste dur à expliquer pour cette femme blonde et fade comme une Barbie made in China, moulée dans un pantalon clair hiver comme été, avec un mini-sac à main qu'elle s'obstine à porter en sac à dos.

Son front est large, sa peau porcelaine, ses cheveux strictement tirés en arrière. Des yeux bleus, un regard mort, elle est froide, c'est le mois de novembre.

Le style à faire copine avec les mères, le style à mettre des Pataugas pour faire cours à des CP, le style sans doute aussi à aimer la sodomie.

— Comme il fait froid et que les radiateurs sont encore tombés en panne, tous les enfants sont en train d'attraper la crève, alors si vous pouviez penser à mettre un collant à Alma lundi matin au lieu de la laisser venir à l'école les jambes à l'air.

Droite comme un i, Mlle Sauvignon me fait face, ma tête ne lui revient pas.

Derrière le cerbère, j'aperçois la cour de récréation. C'est un grand carré gris avec une aire de jeu toboggan et tourniquet. Il y a aussi le préau pour quand il pleut et, proprement fixé en haut d'un mur recouvert de lierre, un panier de basket qui regarde les classes superposées dans un bâtiment flambant neuf.

Béatrice Sauvignon en profite pour me demander de ne pas oublier le chèque pour la classe verte de printemps, je réponds que nous n'avons pas encore fêté Noël, mais la maîtresse de ma fille a décidément beaucoup d'autorité et ne s'en laisse pas conter, pour elle, le printemps se paye en hiver.

Je m'engage à lui faire passer le chèque dans une enveloppe fermée avec le nom, le prénom et la classe de ma fille en majuscules, pour lundi matin sans faute.

Et je vois sortir Alma débraillée de la salle d'étude. Elle fonce et manque de peu de faire tomber la maîtresse.

— Papa ! Tu as presque trois quarts d'heure de retard ! C'est beaucoup, j'en ai marre.

Depuis qu'elle sait lire l'heure et que je lui ai offert sa première montre, Alma est intraitable sur le timing. Elle se plante devant moi, les mains sur les hanches, la basket battant sur le plancher. Sa mère, tête coupée.

Nous prenons congé de Mlle Sauvignon qui s'éclipse avec un long soupir.

— Je suis toujours la dernière à l'étude. C'est toujours pareil. Pour Claire t'es toujours à l'heure et pour moi toujours…

Je ne laisse pas Alma finir sa phrase et je la prends dans mes bras. Je lui demande où en sont les poux.

— Papa, arrête. J'ai plus de poux, ce n'est pas marrant d'avoir des poux, tu sais. D'ailleurs il faut me faire un shampoing au cas où. T'as pensé à acheter du shampoing ?

— Non, ma chérie… J'ai oublié. Et c'est nul, je sais, je sors de la pharmacie avec Claire qui a bientôt la varicelle et j'ai oublié l'antipoux. Tu as goûté ?

Puis je me dis que oui, vu l'heure, Alma a goûté, Alma a même fait ses devoirs et elle ne me demandera pas de réciter sa poésie, de lui faire répéter sa table de multiplication, à peine peut-être de signer ses carnets, car elle sent bien au fond d'elle que ce n'est pas mon truc, l'école et ses obligations.

J'observe mes filles dans le rétroviseur.

Claire tortille les oreilles de Clarence et regarde sa sœur en dévorant son pouce. Alma appuie sa tête contre la fenêtre et plante ses yeux dans le vide.

Les décorations de Noël scintillent à l'extérieur. Il y a des étoiles argentées en haut des réverbères, des boules de lumière s'entortillent dans les arbres dénudés, des guirlandes à motifs scindent les avenues en deux, des bonnets traversent n'importe comment, les bras chargés de paquets sous la pluie qui tombe droit.

Je me demande où nous allons passer Noël cette année, le deuxième sans Alice, le premier seul avec les filles. Il va falloir que je sois à la hauteur, il va falloir nous trouver un point de chute pour passer le sapin et les boules en douceur.

On n'entend plus une mouche voler dans la voiture, le va-et-vient de mes essuie-glaces rythme nos cœurs en cadence.

Déjà l'heure du bain et du dîner, rien dans le frigo, je n'ai pas pris le temps de faire les courses non plus. Oublieux, négligent, affligeant, mais pas à court d'idées, je sors ma botte secrète à mon auditoire endormi.

— Les filles, ça vous dit une pizza chez Roberto ?

— Oui papa, Roberto, Roberto !

4

À la pizzeria

— Ah ! Les princesses, comment vont-elles ? C'est incroyable tes filles, Antoine, une brune et une blonde ! Venez m'embrasser, les chipies. Comme d'habitude trois margaritas, deux grenadines ? Qu'est-ce qu'il boit, le papa ?

— Un Coca, s'il te plaît.

— Moi aussi, je veux un Coca.

— Ok, deux Coca et une grenadine.

— Moi aussi.

— Non, toi, t'es trop petite.

— Alma, ne commence pas à provoquer ta sœur.

— Non, je ne suis pas trop petite, je veux comme Alma.

— De toute façon, t'as la varicelle, tu ressembles à une pizza.

— Écoutez les filles, on boit du Coca, mais on se parle gentiment. Ok ? Alma tu ne traites pas Claire de pizza et Claire tu arrêtes de toujours vouloir faire comme les grands, t'as trois ans, Alma sept et moi je ne dis plus mon âge.

— J'ai trois ans et demi !

— T'as quel âge papa ?

— J'ai trente-cinq ans.

— C'est vieux ?

— Papa, ça me gatte.

— Non, ça te gratte, rrrrrr, il faut que tu apprennes à prononcer les r ! C'est normal que ça te gratte, tu as la varicelle.

Les pizzas sur la table, je commence par un Valium. Des yeux en coin qui glissent, puis se figent net sur nous, entre les néons rouges et la lumière crue de cette grande salle rectangulaire dont on ne voit pas la fin.

Assez pour la description. Quand on va à la pizzeria avec ses enfants, on ne s'arrête pas sur une décoration. On ne regarde pas, on ne prend pas le temps de détailler les nappes à carreaux rouge et blanc. La pizzeria n'est pas un décor de roman, la pizzeria est un non-endroit pour père de famille en vrac qui a la flemme de faire à bouffer.

La pizzeria est la solution de facilité pour bourrer le ventre de sa progéniture et se finir au mauvais vin italien, la pizzeria est un lieu trop cher où l'on paye l'addition de sa mauvaise conduite, le nez sur une calzone trop cuite, la main dans le cambouis d'une margarita.

Il n'y a jamais de vraie lumière, il y fait toujours noir, le genre de place qui sent la défaite et l'âme en berne, le genre de place inventée pour fuir la réalité et être sûr de ne pas croiser son ex le jour où elle n'a pas les enfants.

Pourquoi j'y retourne quand même un vendredi sur deux ? Pourquoi je ne résiste jamais à commander un autre pichet de ce faux vin italien ? Pourquoi j'ai toujours bon espoir quand je franchis la porte de ce carré sinistre ?

Notre conversation est interrompue par le brouhaha de la table du fond, une famille vient de débarquer en cortège. Les pompes funèbres du jardin d'enfants. Le père compte jusqu'à trois depuis qu'il a franchi la porte, un vrai minuteur.

— Un, deux… À trois je t'en colle une si tu n'arrêtes pas !

Il a la mâchoire super serrée. Les pères de famille ont souvent l'air d'avoir gobé des ecstasy.

Ça ne tarde pas. Les yeux injectés, le papa vénère est à bout. En hurlant, il exige de ses deux enfants joufflus un peu de calme et de tranquillité : frère et sœur s'empoignent pour un jeu vidéo. La mère se cache derrière son grand menu, la petite pleure et le garçon pose les mains sur ses oreilles ; le ton monte, l'homme se lève d'un coup sec et renverse la carafe d'eau sur son pantalon, on dirait qu'il s'est pissé dessus. Rouge de colère, il explose. Une vraie mine antipersonnel. Sa main vient éclater la joue du garçon qui pleure désormais en canon avec sa sœur. La pizzeria contemple le spectacle en silence et la bouche pleine. Alma me demande pourquoi le petit vient de prendre une torgnole.

— Laisse tomber, mon amour.

Du haut de ses sept ans, Alma joue les maîtresses de maison, c'est elle qui coupe, c'est elle qui aide, c'est elle qui protège sa sœur comme une lionne et l'engueule comme du poisson pourri. C'est elle qui me caresse le bras et me tire les poils en riant quand je pars trop loin dans mes pensées.

Que serais-je devenu sans elles ?

Sans elles, je n'aurais peut-être pas quitté Alice, Alice serait sans doute partie d'elle-même.

— Papa ?

— Qu'est-ce qu'il y a, Claire ?

— J'ai envie de faire pipi.

5

Autour de la table

Quand on me pose la question, je réponds comme tout le monde. J'explique, sans me démonter, que c'est pour rester proche de mes filles que je me suis installé à trois rues de leur mère, trois semaines tout juste après l'avoir quittée pour une autre.

Pourtant, j'ai toujours été contre la rupture de proximité. Plutôt du genre à penser que, lorsqu'un couple se viande et enterre son histoire, il convient de séparer les tombes, de ne pas faire cimetière commun. Je m'étais même toujours dit que, si un jour ça nous arrivait à Alice et moi, eh bien j'irais me refaire à l'opposé, question de principes et de territoire. Mon côté vieille école, style chape de plomb, sans fleurs ni couronne.

Bien sûr, j'ai fait l'inverse. Et j'ai cherché la bonne distance, pour installer un nouveau chez-moi.

La bonne distance, c'était la croisée des chemins entre vie d'avant et vie à venir, entre deux saisons, l'été et l'hiver. C'était simple en théorie, jeté comme ça sur le papier.

La bonne distance, c'était une sorte de Yalta, un partage sinon du monde, du moins d'un arrondissement, d'un quartier, d'une rue, sans casque bleu pour maintenir la paix mais avec un processus, un accord tacite comme entre deux pays belligérants, entre deux bandes rivales au lycée.

Avec Alice, on s'était mis d'accord dans l'intérêt des enfants.

Les enfants.

Elles avaient sept et trois ans, leur intérêt c'était que leurs parents restent ensemble, pas de se retrouver à bivouaquer entre un père et une mère, même à trois rues.

Notre Yalta, à Alice et moi, s'est fait le plus naturellement du monde autour de l'école d'Alma et de la crèche de Claire : pour simplifier les trajets.

Simplifier, trancher, faciliter : autrement dit se compliquer la vie, à mort.

On a vraiment voulu faire ça bien, alors on s'est assis tous les quatre autour de la table, avec Alice, on a regardé Alma et Claire dans les yeux, on leur a parlé comme des parents responsables.

Alice leur a dit que papa avait quelque chose d'important à leur annoncer et je me suis lancé.

— Papa ne peut plus vivre avec maman, alors il va prendre un appartement à côté de chez vous et ça sera aussi chez vous. En clair, les filles, vous aurez deux maisons : celle de maman et celle de papa. Et vous irez de l'une à l'autre, une semaine sur deux. Vous verrez c'est super rigolo, ça a tout plein d'avantages, on a tout en double et on est deux fois plus gâtés, quand on a des parents qui ont deux maisons.

Et j'ai rajouté, en regardant par la fenêtre :

— C'est juste des histoires de grands qui ne concernent pas les enfants.

Oui, j'ai dit cette phrase extraordinaire : ce n'est pas votre problème les poulettes, suivez le guide !

Alice a cru bon de préciser ma pensée.

— Papa et maman vous aiment toujours. Ce n'est pas de votre faute si votre père est un porc et se barre avec une sacrée pute.

Les filles ont encaissé sans broncher. Alma a allumé sa console de jeu sans lever la tête.

Claire a continué à jouer avec son bébé comme si de rien n'était. Elles étaient visiblement très rassurées de savoir qu'on les aimait toujours, et nous on se prenait pour des bons parents.

Je me demande ce qui a bien pu leur traverser l'esprit ce jour-là et ce qu'elles feront de notre discussion dans vingt ans.

En attendant, Alma trouve ça génial d'avoir des parents qui ne s'aiment plus, parce que ça lui fait deux Noël et deux anniversaires. Elle trouve ça génial et triste aussi, elle aimerait bien qu'Alice et moi on se remette ensemble le reste de l'année et que l’on se quitte seulement les jours de fête, pour les cadeaux.

Qu’apprend la séparation aux enfants ? Qu’ils n’ont pas d’autre choix que de fermer leur petite gueule en laissant couler des larmes sur leur oreiller.

Quand on s’est retrouvés dans la cuisine, j’ai dit à Alice que je l’avais trouvée très courageuse et que j’étais soulagé qu’on ait pu leur parler ensemble. C’est que, en plus du reste, j’étais fier de moi.

6

Chez nous

Alice est une femme de son temps, après dix ans de mariage elle me parlait de plus en plus naturellement comme à un chien, surtout quand je rechignais à m'occuper des enfants.

J'étais une sorte de légume qui ne faisait rien sans sa femme. Je suivais celle qui m'obligeait à me justifier sur à peu près tout et n'importe quoi en n'oubliant jamais de me culpabiliser.

Le prototype de l'homme marié. Le fils aîné de la famille, l'ado attardé qui déchiffrait un savant cocktail de mépris et d'indifférence dans le regard de celle à qui il avait jadis demandé sa main.

J'avais déjà constaté que les hommes à alliance se transformaient au fil du temps, incapables de vivre seuls ils ne prenaient plus la moindre initiative.

Autour de moi, les autres me ressemblaient étrangement. Faibles, lâches, et complètement paumés sans leur moitié qui, en plus de leur acheter leurs caleçons et de choisir la couleur de leurs chaussettes, ne les respectait plus guère.

Calvitie et embonpoint, nombre des copines d'Alice méprisaient à peu près tout ce que leurs hommes étaient devenus à leurs côtés. Mais elles faisaient contre mauvais cœur, bonne fortune.

Ces bourgeoises modernes trouvaient avec le temps leur mari beau comme Crésus et s'offraient pour se distraire des collections de sex-toys multicolores, autant de micro-histoires pour combler leur désert érotique. Certaines se faisaient purement et simplement baiser par de beaucoup plus jeunes pendant que leurs eunuques de mari s'enfilaient dans des chambres d'hôtels exorbitantes des escort girls commandées sous cape sur Internet.

Après dix ans de mariage, notre couple sonnait comme tous les couples. Loin des promesses de nos débuts, nous étions devenus des déchets radioactifs : narcissiquement morts, spirituellement éteints, physiquement à l'abandon, psychologiquement ratatinés, affectivement ruinés. Vautrés dans un confort de routine.

Alice avait une spécialité bien à elle, elle soupirait sans cesse, prise malgré tous ses efforts par la force si ténue de l'habitude. Elle soupirait pour tout et n'importe quoi, des courses oubliées au lave-vaisselle mal vidé. Elle soupirait jusqu'à haleter, surtout quand je refusais de faire le tri sélectif.

En plus de devenir mère, Alice avait eu la mauvaise idée de muter en écolo convaincue, obsessionnelle de la couche d'ozone, adepte du recyclage, de l'eau de source et de la décroissance. Une orientation qui s'affinait avec le temps et m'encourageait à jeter mes paquets de clopes vides par la fenêtre de ma bagnole à 130 sur l'autoroute quand elle n'était pas là.

Le déclic s'est fait sur un constat idiot. Alice avait grossi, ou plutôt elle avait du mal à retrouver la ligne après la naissance de Claire, et moi je m'impatientais.

Ne pas oublier que, dans grossesse, il y a grosse.

Je n'avais pas signé pour finir avec un éléphant de mer militant à Greenpeace. J'avais aimé une bombe atomique, et mon Hiroshima me manquait. Je sentais qu'il y avait eu tromperie sur la marchandise. J'avais loué un bungalow pour deux avec vue sur une plage privée de sable blanc, je me suis retrouvé dans l'enfer d'un hôtel club donnant sur le parking des autocars et personne pour me rembourser.

J'étais à court d'imagination, même en fermant les yeux mon cœur bandait mou.

Seule la nostalgie de ce qu'elle avait été me maintenait vivant. Je conjuguais Alice au passé simple sans m'en rendre compte et je commençais ce que j'avais toujours fait, mais en y prenant un certain plaisir ; cette fois, je regardais ailleurs. Je me retournais dans la rue, je guettais, je chassais. À la maison, Alice n'était plus focus sur ma petite personne et je lui en voulais.

C'était les enfants, les enfants et encore les enfants. Et je trouvais ça pénible d'entendre toujours parler des enfants, toujours crier les enfants. À peine arrivés, les enfants me fatiguaient et je m'éloignais d'eux.

Attiré par la nouveauté, j'ai accepté à la naissance d'Alma de lui donner quelques fois le biberon. J'ai vite trouvé la solution pour abréger cette douloureuse expérience de la lenteur, une heure, une heure et demie en moyenne à tenir l'enfant incliné, tu parles d'une sinécure, et attendre qu'il ingurgite ses 260 millilitres de poudre blanche diluée dans de l'eau hors de prix. Je balançais la moitié du liquide dans le magnifique ficus qui trônait depuis notre mariage au milieu du salon et je me débarrassais du problème.

Très vite, j'ai appris à esquiver les corvées, les balades en poussette au ralenti, les changements de couche, le stérilisateur de biberon, les nuits.

À cause des enfants elle avait arrêté de fumer, à cause des enfants elle avait arrêté de picoler, à cause des enfants elle avait grossi, à cause des enfants elle avait des cernes et n'achetait plus de mascara. À cause des enfants on ne faisait plus l'amour, à cause des enfants j'ai fini par prendre une maîtresse.

Je sais ce que tu penses en lisant ces lignes, que je suis au mieux un salaud ordinaire, au pire la personne la plus abjecte que tu aies jamais rencontrée.

Je dirais, pour abonder dans ton sens, que je ne suis qu'un homme. Devenu père parce qu'il adorait faire l'amour à sa femme et n'avait pas la moindre idée de ce qu'impliquait l'entreprise de fabriquer un enfant et de vivre une vie de famille. Un naïf qui a pu croire que la solution était dans la reproduction et la vie en communauté. Toutes ces illusions bien-pensantes, bien pesantes, qui font qu'une vie de rêve, une femme canon rien que pour soi et le pouvoir d'achat qui l'accompagne se transforment en kibboutz Cyrillus et couches-culottes, où la bronchiolite remplace la levrette, et les pleurs dans la nuit le murmure extatique de l'orgasme de sa partenaire.

J'étais fait pour avoir des enfants comme pour être danseuse au Lido. Et j'ai plongé tête baissée et sans vocation aucune dans un tumulte qui n'était pas fait pour moi.

À ma décharge, personne ne m'avait prévenu, je n'avais rien lu dans les livres, les journaux, rien entendu à la radio ou à la télévision. On ne m'a pas dit que si la vie de famille est à la portée de tous, la vie de famille ne convient pas à tout le monde. Que si la reproduction est une obsession souvent partagée, elle n'est pas forcément bonne pour la santé mentale de chacun. Qu'être en couple, c'est accepter que celui que l'on a séduit, celle qui nous a plu, disparaisse entre deux enfants parce que les enfants changent ceux qui les ont fabriqués, et pas toujours en bien.

J'ai attendu pour être père de ne plus vivre avec ma femme et ça m'a pris du temps parce que, comme beaucoup d'hommes, j'ai du mal à faire deux choses en même temps. J'en ai gardé une défiance envers ces maris idéals qui adorent se survendre dans les dîners mondains.

Un type qui mesure tout à l'aune de l'amour incommensurable qu'il éprouve pour sa famille est soit un acteur-né, soit un suicidé en puissance qui se tirera une balle lors de son prochain licenciement. Car c'est le travail qui lui permet de fuir sa maison.

J'aurais pu m'arrêter à la naissance de ma première fille, opter pour la vasectomie sécuritaire de l'égoïste lucide que j'étais, mais j'ai recommencé.

C'est que, par amour pour Alice, j'étais prêt à tout, même à m'enfoncer un peu plus dans la spirale d'une paternité à rebrousse-poil, qui me donnait des boutons et l'envie de baiser la terre entière, sauf ma femme.

Voilà comment je me suis retrouvé dans la situation absurde de quitter Alice, la seule personne que j'avais jamais aimée, pour lui rendre un peu de place dans sa vie et retrouver la mienne.

J'ai attendu une opportunité pour bouger. J'avais la trouille de me retrouver seul. J'ai quitté Alice pour Lara, j'ai trouvé le moyen de tomber amoureux d'elle parce que cet état me manquait. C'est beaucoup plus simple de tomber amoureux que de se donner la peine d'aimer une femme que l'on ne désire plus après l'avoir défigurée en la pénétrant sans préservatif.

J'ai eu la faiblesse de croire qu'avec Lara ça serait mieux. Parce que Lara avait tous les avantages de sa jeunesse insolente. Non seulement elle était célibataire quand nous nous sommes rencontrés, mais en plus elle n'oubliait jamais de prendre sa pilule.

7

Avec Lara

C'est elle qui a changé le labrador vieillissant et dysphasique en chien fou. Elle qui, sans le savoir, m'a ressuscité. C'est pour elle que j'ai tout lâché. Je l'avais observée arriver de loin avec ses boucles blondes, sa jupe noire et son imper beige.

Elle tirait une valise à roulettes aluminium. Elle est entrée dans le tabac face au café où je m'étais installé pour écrire sans la moindre idée au bout du crayon. Je lui ai foncé dessus tête baissée pour lui demander du feu. L'attaque était médiocre mais elle a fonctionné. Je ne sais plus comment je me suis retrouvé à ramasser sa valise dans le caniveau, mais je me souviens très bien lui avoir demandé d'où elle rentrait comme ça, même pas trop bronzée.

Ça l'avait fait rire, et je n'avais pas attendu la première moitié de ma cigarette pour l'inviter à s'asseoir cinq minutes avec moi le temps de finir mon café froid et de payer le serveur.

J'avais tout de suite aimé sa façon de me regarder. L'impression de redevenir le centre du monde.

Nous avons fait l'amour chez elle, une heure à peine après que je lui ai demandé du feu. Trois semaines plus tard, j'essayais de la prendre chez moi.

Ça n'avait pas marché, naturellement je voyais Alice à la place de Lara, je l'entendais rentrer à l'improviste avec les filles et me surprendre nu dans les bras de cette autre, qu'elle trouvait bien entendu facile et vulgaire.

Lara avait toutes les qualités pour un père de famille contrarié, elle n'avait pas d'enfant, n'en voulait pas et adorait se faire attraper en posant ses deux petites mains parfaitement manucurées sur la porte de son réfrigérateur blanc.

Pourquoi les filles célibataires collent-elles toujours des photos d'elles partout dans leur appartement y compris sur la porte de leur frigo ?

Lara aimait fumer des pétards en dansant à poil au milieu de son petit deux pièces, elle adorait aussi boire comme un trou et partir en voyage, même si elle passait plus de temps à vouloir partir qu'à partir réellement. Je la trouvais charmante quand elle rêvait sa vie à voix haute et dessinait dans l'espace des projets trop grands pour elle.

Mais ce que je préférais de loin, c'étaient ses airs de mère de famille blasphématoire, son côté crucifix inversé quand, les yeux rougis, je voyais en Lara l'exact contraire de sa sainteté Alice. Oui, Lara c'était le dark side de la mère de famille. Tout ce qu'il me fallait, en somme. Elle ne négligeait aucun détail, y compris celui de s'occuper de moi comme un gosse. J'étais son amant et son enfant gâté.

Je n'avais toujours pas à lever le petit doigt, comme Alice elle prenait tout en charge, et notamment la manière de me faire oublier mes enfants. J'étais heureux et je noyais ma culpabilité dans le sexe, l'alcool et la drogue. Je ne savais alors pas que, pour le chagrin et les larmes, ce serait plus complexe, j'avais encore tout mon temps.

8

Chez moi

Je me souviens qu'il faisait beau et que la fille de l'agence avait été charmante au téléphone. Une voix de femme-enfant un peu rauque, un rire gras et facile, des yeux rieurs à distance, la jolie commerciale qui débute. Je n'avais pas envie de faire traîner, je voulais signer dans la foulée, j'avais noté scrupuleusement toutes les pièces à joindre au dossier, une première chez moi vu que, les fois d'avant, c'était Alice qui avait tout géré, choisi l'appartement, fait les photocopies, organisé le dossier.

On avait décroché notre premier appartement et les autres aussi grâce à ses fiches de paie, sa régularité et son sérieux.

Je n'avais pas grand-chose à offrir, à part mon poil dans la main, des notes de droits d'auteur et des revenus divisés par trois depuis deux ans.

— Vos trois derniers bulletins de salaire, votre contrat d'embauche, un CDI, c'est mieux, votre fiche d'imposition et votre carte de Sécurité sociale, surtout soyez à l'heure, vous êtes le septième de la journée.

Monter un dossier, toute une histoire, je m'en voulais de paniquer pour ça mais c'était plus fort que moi. Je n'avais jamais eu le courage de ne pas toujours tout déléguer à ma femme, j'avais toujours été assisté et j'avais toujours trouvé ça normal.

J'avais beau vouloir me barrer, envie de revendiquer ma liberté, d'être adulte et presque déjà vieux, je ne savais rien faire de mes dix doigts tout seul sans consulter Alice.

Le défi qui s'annonçait était de taille.

Une entrée en forme de placard à balais.

Une cuisine qui donne envie d'aller au restaurant. Un salon en rectangle mou de 20 m^2 avec des traces de tableaux sur les murs, une chambre de 8 m^2 pour papa, une autre de 15 pour la marmaille, une salle de bains sans baignoire, un chiotte à côté d'un placard et basta. L'appartement qui tirait péniblement vers les 50 m^2 était loué vide sur Internet, qualifié grâce à sa double exposition d'affaire de l'année à rafraîchir, vite.

Il fallait penser à tout et le rendre habitable en une semaine à peine. Alice me l'avait bien dit :

— Je ne te ferai aucun cadeau sur ce coup-là, tu prendras les filles le prochain week-end.

Quand j'ai visité la chose, j'ai tout de suite su que je n'aurais pas la force d'en voir d'autres.

Et peu importe si, dès le hall, j'avais deviné le mauvais plan au courrier qui s'empilait devant la loge abandonnée de la concierge, aux boîtes aux lettres éventrées qui ne tenaient plus debout, au mur de l'entrée qui s'effritait et fuyait comme un vieux robinet et à l'odeur de pisse dans l'escalier.

— Inutile de me regarder avec votre air de chien battu, a ajouté mon agent immobilier en rigolant. Vous n'êtes pas le seul sur le coup.

J'ai hésité à lui raconter ma vie, mon mariage, ma rupture, les filles le week-end prochain et à revendiquer le caractère urgentissime de ma situation, mais j'ai laissé tomber.

— Vous savez, Monsieur Duhamel, c'est bien ça ?

— Oui, c'est bien ça…

— Des nouveaux pères célibataires comme vous, j'en croise tous les jours et j'en loge plus que des gentils couples qui démarrent dans la vie.

— Et…

— Et le problème, c'est qu'avec vous c'est toujours la même histoire. Quand on vous croise pour la première fois, vous avez l'air tellement largués qu'on a envie de vous aider et puis quelques mois plus tard rebelote, vous repartez vous installer chez une nouvelle conquête que vous prenez en trois jours pour la femme de votre vie et on se retrouve avec le même appartement sur les bras parce que…

— Parce que quoi… ?

— Parce que, excusez-moi d'être aussi directe, mais vous êtes comme tous les hommes, incapables de vivre seul.

J'avais sous-estimé l'adversaire. Malgré son jeune âge d'avant trentaine bien balancé, Maud, perchée sur ses talons dorés, avait vu juste.

— Vous savez, moi c'est un peu différent, et d'abord comment avez-vous deviné ma situation, je ne vous ai rien dit.

— Un homme aussi pressé que vous pour visiter un appart pareil, c'est forcément un père à la ramasse, qui veut en finir vite parce qu'il est incapable de prendre son temps, en plus de vivre seul. Je vous le signe, Monsieur Duhamel, dans moins de six mois vous me donnez votre préavis pour vous installer chez une jolie blonde, la même que celle que vous avez quittée, en plus jeune.

J'ai eu ma réponse le lendemain. La fille de l'agence m'a téléphoné à 11 heures pour me dire que c'était bon. Que je pouvais venir signer le bail et faire le chèque pour le mois d'avance. Elle avait appuyé personnellement ma demande.

J'étais une nouvelle fois redevable à une femme, et j'allais une nouvelle fois faire des promesses en l'air.

J'ai sauté de joie, l'ai remerciée mille fois et je lui ai juré qu'elle n'aurait pas à le regretter, que non seulement je serais un locataire modèle qui paierait toujours son loyer par virement automatique mais qu'en plus je resterais célibataire à vie.

Pour la première fois depuis longtemps j'ai eu l'impression d'être un mec fiable, au fond.

C'était il y a un an et je ne me souviens plus de tout, seulement qu'elle a raccroché dans un grand éclat de rire et que j'ai oublié de lui demander si elle connaissait un gars qui savait faire les déménagements.

9

Chez Alice

J'avais encore les clés mais je n'ai pas osé, alors j'ai sonné. Je n'ai pas entendu comme chaque fois le galop d'Alma et Claire dans le couloir. Je ne les ai pas vues prendre leur virage à 180, trop vite, trop emballées, manquer pour la énième fois de finir dans la vitre du salon avant d'être récupérées in extremis par mes bras.

C'est Alice qui a ouvert la porte. Elle était pieds nus, elle avait les cheveux tirés, serrés fort par un nœud en cuir qui cassait net, sévère. Les yeux plissés par la lumière, moins gonflés par le chagrin, elle me faisait face, l'œil impavide et lointain.

Elle portait la robe grise qu'on avait achetée ensemble à Rome. Une matière noble, douce, stricte à l'avant, légèrement échancrée dans le dos. Une robe pile et face, où le devant et le derrière se contredisaient. Un bout d'Italie qui jouait sur le mystère, une robe en forme de challenge, d'une sévérité que l'on sentait domptable à condition de daigner en faire le tour et s'y prendre avec tact et délicatesse, pour une fois.

Sans un pli, le bout de tissu s'arrêtait avec grâce et maintien juste au-dessus des genoux, et cette cassure brusque et soudaine étonnait. Elle renforçait l'envie d'en savoir davantage sur celle qui la portait avec autant d'élégance et, pour tout dire, d'engager la conversation.

Alice n'avait pas voulu de témoin. Distante et solennelle, elle me demandait de faire vite.

Elle déambulait devant moi, mains dans le dos et menton en l'air, voletait dans le vide les yeux rivés au plafond. Elle murmurait d'une drôle de voix sourde qu'elle essayait de maîtriser, pareille aux gestes brusques qui lui échappaient.

Elle a commencé par le canapé, m'a proposé de le prendre ; je n'ai pas répondu, alors elle m'a regardé froidement et m'a dit :

— Comme tu voudras, lui au moins il restera ici.

Dans un silence de cathédrale, elle m'a expliqué qu'elle me laissait la télé du salon mais qu'elle gardait celle de la chambre, le lecteur DVD et l'ordinateur de la maison.

J'ai dit d'accord à tout sans bien réfléchir, je pensais surtout à notre voyage à Rome.

— Alice, tu te souviens, c'était il y a deux ans, il pleuvait…

— Pardon ?

— Oui, on sortait du resto, il pleuvait et tu t'es abritée devant la boutique et tu as flashé sur la robe grise. Tu n'as pas voulu rentrer. Alors j'y suis allé à ta place et je l'ai achetée sans même que tu l'essaies. Tu te souviens ? J'avais vu juste pour les mensurations, je te connais par cœur…

— T'es vraiment trop con Antoine.

Elle est revenue sur notre affaire de séparation, a continué à faire le tri.

Elle m'a tendu un CD.

— Il y a toutes nos photos dessus. Dix ans de souvenirs, ça te dit quelque chose ?

— Tu es sûre ?

Pour elle c'était important que j'aie tous nos clichés rangés quelque part, pour que je puisse enfin prendre conscience de mes actes, de ce que je laissais, abandonnais et perdais.

— Tu dois prendre tes livres, les séparer des miens, te farcir les placards, les meubles, les étagères, la cave, ouvrir et fermer des boîtes, partager jusqu'aux valises, ne pas oublier les assiettes et les verres.

» Les beaux et les affreux services offerts pour notre mariage par les tiens, par les miens, par les nôtres.

» Par ces liens du sang qui ne veulent plus rien dire pour toi, qui ne sont plus nous, que tu as brisés pour cette connasse, cette petite pute qui détruit notre famille parce que tu es trop mou, trop faible et surtout trop idiot pour te rendre compte, au moment où tu peux encore renoncer à ce que tu es en train de faire, que nous avions tout pour être heureux.

» Oui Antoine, nous avions tout, et je dirais même plus nous avons tout, tout ce après quoi des tas d'hommes et de femmes courent chaque jour, espèrent sans plus y croire et tueraient pour connaître.

» Mais qu'est-ce que je t'ai fait pour mériter d'être là, à me tenir comme ça devant toi ?

» Tu peux te la foutre au cul ta séparation, espèce de connard abject et monstrueux, Alma, Claire et moi on avait besoin de toi. Maintenant va-t'en, laisse-nous tranquilles et rends-moi les clés de chez moi, puisque chez nous par ta seule volonté et ton unique faute est devenu chez moi.

Quand je suis revenu avec les déménageurs, Alice avait laissé les clés chez la concierge et un cortège de sacs-poubelle dans les escaliers. Le premier était fermé par un ruban rouge, le deuxième scellé à la colle et sur le troisième il y avait un mot :

« Les filles t'attendront vendredi soir chez la gardienne. »

J'avais trois jours, trois jours pour installer mes affaires et habiter mon espace. Trois jours pour faire mon nid, moi qui n'avais jamais levé le petit doigt sur rien, ça me faisait tout drôle.

Je n'ai presque rien porté. Les types ont fait vite et bien. En une heure à peine, ils m'ont aidé à faire mes cartons et en une demi-heure tout juste ma vie entière était dans un camion.

J'ai fait un dernier tour dans l'appartement et j'ai dit au revoir à ma vie d'avant.

J'ai réalisé que, sans moi, ma maison tenait toujours debout. Mon départ laissait à peine quelques blancs sur une étagère, aucun vide franc.

Je ne représentais à tout casser qu'un petit tiers de la communauté que j'abandonnais. Dix ans, un tiers, les chiffres s'additionnaient dans ma tête et le compte était bon.

Seul mon petit bureau était vide, et je m'interrogeais : à quoi allait-il pouvoir servir à présent ?

J'ai pensé que les espaces laissés derrière moi devraient se combler sans problème par l'accumulation du quotidien, la négligence du rangement, mais jamais par l'ombre d'un autre.

J'avais, en plus du sentiment de ne pas peser bien lourd, la conviction très prétentieuse d'être irremplaçable. Évidemment je me trompais, et j'ai fermé la porte.

10

Chez le banquier

Mon banquier a l'aura d'une capote en tire-bouchon qu'on a laissé traîner au fond d'une poubelle de salle de bains. Dégarni mais pas franchement chauve, il a la main moite et un regard fuyant qu'il tente d'affirmer au moyen d'une barbe irrégulière, rousse à certains endroits.

Mal assis sur un fauteuil à roulettes qui couine quand il tourne, il n'incarne en aucune manière la puissance de l'argent. Ce petit conseiller s'est tapé cinq ans au guichet à encaisser des chèques avant de gagner le droit d'occuper, au premier étage de l'agence, son étroit bureau gris aux cloisons démontables.

Dans sa niche, Monsieur reçoit sur rendez-vous. L'endroit ne laisse quasiment pas passer la lumière du jour.

L'unique fenêtre à gauche de sa table en plastique beige est le plus souvent occultée par un store gris qui strie en kaléidoscope l'affreuse barre d'immeubles en face.

Ses clients sont des types comme moi, ni riches ni pauvres, des médians laborieux qui viennent dans son antre pour mendier un crédit, le plus souvent dans le seul but d'accomplir leur fantasme : s'offrir un appartement trop petit et payer pendant des années des intérêts grands comme les rêves qu'ils n'ont plus pour, enfin, devenir propriétaires.

Pierre Gastro, c'est son nom, fait son beurre avec des commissions minables qui vont de l'envoi de carnets de chèques en recommandé à la souscription de produits financiers toujours trop chers et peu rentables, assurances en tout genre, livrets de tous poils. Des produits qui, en garantissant moins de 2 % par an à leurs souscripteurs, aident les petits à voir grand : l'école du micro-argent.

À chaque fin d'année, il m'envoie un calendrier ainsi que ses vœux sur une carte blanche rectangulaire qui s'ouvre en deux.

À chaque fin d'année, j'ai ainsi droit à des sourires d'enfants pauvres qui, de villages d'Afrique en rizières d'Asie, me regardent culs nus dans le blanc des yeux.

En bon procureur des comptes de son fichier clients, Pierre Gastro a le pouvoir d'accepter ou non, selon que la situation de ses gens soit viable ou pas, les crédits qu'ils viennent lui supplier.

Dans un cas comme le mien, le moindre prêt pour un appartement, sauf héritage miracle, serait automatiquement refusé.

C'est ce qu'il m'a expliqué, il y a deux ans, en insistant bien sur le fait que les gens de mon espèce, scribouillards paresseux, auteurs de fortune, ne présentent que trop peu de garanties sur l'avenir, contrairement aux CDI porteurs de signes sécurisants que je ne suis pas capable, contrairement à ma femme, de fournir depuis que je suis en âge d'avoir un emploi.

— Mme Duhamel offre de son côté les meilleures garanties pour un prêt à 5 % sur les trente prochaines années, sous réserve que son bilan médical soit rassurant. Le seul hic, c'est qu'à elle seule, elle ne peut supporter une telle charge.

Pierre Gastro a depuis longtemps parfaitement analysé la situation. Alice était la partie bankable de notre histoire et moi le frein à main.

Ce matin, je n'ai pas d'autre choix que d'essayer en un sourire aimable d'effacer la dette que j'ai creusée en dix ans de mépris et d'indifférence avec ce type infoutu d'accorder chemise et cravate.

Et ce matin, rien ne m'est épargné. Pierre Gastro en a choisi une orange à motif éléphants. Les pachydermes bleu roi qui la parsèment gondolent sur le tissu de sa chemise à carreaux et donnent l'impression de brouter en relief.

En contrebas, trois taches de gras indiquent clairement qu'à une pause-déjeuner le troupeau n'a pas résisté à tremper trompes et grandes oreilles entre la béarnaise et les frites.

J'admire médusé les chaussettes PacMan, orange elles aussi, de mon conseiller clientèle. Le souci du détail sans doute, l'exigence de la précision.

Pierre Gastro m'invite à m'asseoir et ne prend pas la peine de lever les yeux de son ordinateur, un vieux PC à l'agonie dont le souffle de la ventilation me rappelle le bruit de tondeuse à gazon du vibromasseur fuchsia que je voulais offrir à Alice après la naissance de Claire. C'était pour l'aider à accélérer la rééducation de son périnée et du même coup partager avec ma femme de nouvelles sensations, mais la mère de mes enfants était trop concentrée sur ses problématiques d'allaitement et de tire-lait pour rentrer de plein fouet dans mon nouveau manège rose bonbon.

— Que puis-je pour vous, Monsieur Duhamel ?

— Voilà, je me sépare d'Alice, enfin de ma femme, et je dois m'installer, nouvel appartement, fournitures, meubles, machines. J'ai besoin d'un crédit.

— Je vois.

— Je sais ce que vous allez me dire, que je n'ai pas le bon profil, mais là j'ai besoin de votre aide.

— Il n'y a aucun problème, Monsieur Duhamel.

» La vie moderne nous oblige à nous adapter en permanence. Notre agence propose différentes sortes de prêts personnels. Leur souplesse s'applique à répondre aux choix et aux modes de vie de chacun.

» Bref, l'un est à taux fixe avec épargne sur la durée du prêt qui vous permet de récupérer jusqu'à 25 % de la somme remboursée à la fin pour de nouveaux projets. Vous pouvez les rembourser par anticipation sans frais à tout moment. De cette manière, vous pouvez emprunter jusqu'à un plafond de 25 500 euros.

» Avant de contracter un emprunt de la sorte, il est bon de se demander si vous avez vraiment besoin d'épargne.

» Si vous souhaitez plus d'argent pour un projet plus important, vous serez redirigé sur des prêts à taux variable et plus risqués qui jouent sur la durée de crédit sans jouer sur les mensualités.

» La durée du prêt vous concernant varie de douze à quatre-vingt-quatre mois, plus c'est long, plus c'est cher.

Je n'ai pas compris ce que j'ai signé, mais j'ai signé cet emprunt à la consommation qui répondait au nom de code « Crisis Middle-life SOLO ».

Je suis reparti sans un rond dans ma poche, mais avec un ordre de virement de 15 000 euros. Je n'avais jamais eu en dix ans de vie commune autant d'argent sur mon compte. Cet argent frais et cher que je venais d'acheter à la sueur de mon sourire hypocrite allait m'aider à me refaire si ce n'est une santé, du moins un intérieur. À 10 % d'intérêts, ma nouvelle vie revolving m'était livrée sans papier-cadeau.

11

Avec le vendeur de machines à laver

Y a-t-il plus déprimant qu'un vendeur de machines à laver ? Le mien se frottait les mains, je venais déjà de lui acheter un frigo, un écran plat, un lecteur DVD, un micro-ondes, un lave-vaisselle, des plaques à induction, un aspirateur et, cherry on the pudding, une planche et un fer à repasser.

La cinquantaine triomphante, Patrick portait un bouc sous des yeux globuleux, un gilet rouge sur une chemisette blanche trop serrée, une gourmette et une grosse étiquette, avec son prénom inscrit en lettres capitales sur la poitrine. Patrick me faisait l'article.

J'avais l'impression de me faire dépouiller, impuissant. L'heure était grave, je devais choisir entre une machine encastrable à capot ou une plus design, avec ouverture en hublot.

— Ce modèle a une capacité de 5 kg et un super volume de tambour de 41 l. Sa vitesse d'essorage est top : 1400 tours/minute. Si vous voulez l'option départ différé, c'est plus cher. Mais si vous vous décidez aujourd'hui, je vous offre la cafetière Georges Clooney.

J'étais une bonne affaire pour Patrick qui s'y connaissait à mort en types comme moi. Les types obligés de tout racheter sans leur femme pour prendre les bonnes décisions puisque, précisément, ils venaient de quitter la partie rationnelle de leur cerveau.

Qu'on se le dise, ce sont les hommes qui relancent l'économie, maintiennent la croissance en rachetant l'équipement qu'ils ont déjà raqué juste avant leur mariage. Ces nouveaux geeks du lave-vaisselle soutiennent l'économie des années 2010, ce sont les vrais patriotes.

Face à mon vendeur, j'ai eu envie d'un Valium. J'étais un oisillon tombé du nid, une proie sans défense. Tellement pressé de mettre les voiles, j'ai tendu ma carte, stoïque, incapable de me concentrer plus de dix minutes dans ce rayon électroménager ultra-climatisé. Je m'achetais à prix d'or et à crédit un nouveau départ sans garantie, mon vautour déployait ses ailes et claquait sa gourmette sur le comptoir. Je tapais mon code.

— Monsieur Duhamel, permettez-moi de vous offrir la livraison et les frais d'installation. En cas de problème, un numéro vert est à votre disposition 24 heures sur 24.

Quant à mon incursion dans le grand magasin de meubles suédois, j'ai eu franchement honte. Je me suis perdu pour y aller en prenant deux fois la mauvaise sortie sur l'autoroute. Sur place, j'ai fumé cinq cigarettes en observant le balai des couples qui défilaient sur le parking géant. Pareils à des poissons morts, les hommes poussaient systématiquement des chariots plus gros qu'eux, tandis qu'à dix longueurs devant, leur femme, d'un pas décidé, visitait – souvent en criant – un à un tous les rayons de ce grand labyrinthe, à la limite de l'orgasme. C'est elles qui décidaient.

Elles remplissaient folles de joie leur caddie 4 × 4 de produits moches et bon marché tandis que leur sherpa attendait sagement à la caisse, l'air absent dans la crainte et l'effroi de sortir, leur carte de paiement.

J'ai machinalement acheté et fait livrer des meubles inodores et sans saveur et deux lits pour enfants moins hideux que les autres. Sans oublier d'y ajouter au passage un peu de vaisselle uniforme, un canapé, une table et trois chaises. Et je me suis juré en partant de ne rien laisser à ma prochaine femme, même pas la brosse à chiotte, le jour où ce serait à nouveau fini.

12

Avec mes cartons

À l'instant où j'ai franchi le seuil de ma porte devant les déménageurs, j'ai reçu un texto de Lara. Elle m'écrivait qu'elle me quittait, qu'elle ne voulait pas être responsable de tout ça, qu'elle n'était pas le genre de fille à briser un ménage uni, que dix ans de mariage c'était quelque chose de beau et qu'elle ne voulait plus me revoir, même si, disait-elle, elle m'aimait.

Je me suis assis au milieu du salon et j'ai construit une pyramide avec mes vingt-deux cartons, je suis descendu acheter un pack de bières et j'ai bu. J'ai pensé à notre première rencontre, à son petit studio aux poutres apparentes qui sentait l'antimite et la bougie parfumée.

J'ai repensé au soir où je lui avais dit que j'allais quitter ma femme, nous chercher un nouvel appartement, et que nous allions vivre ensemble.

Ce soir-là, ma maîtresse a semblé émue et gênée. Bien sûr elle n'a rien dit, s'est contentée de me sourire de toutes ses dents avant de m'embrasser en poussant un petit cri. J'ai roulé un joint, elle a mis les tagliatelles en route. J'ai cru comprendre qu'elle était heureuse. C'était plus fort qu'elle, il fallait qu'elle me fasse confiance, tout de suite, tout le temps.

Elle a foiré ses pâtes. J'ai englouti mon assiette. Elle a voulu danser pour fêter la nouvelle et a monté la musique.

C'était une chanson qui me ressemblait, faussement gaie et terriblement glauque, malgré son rythme enjoué et rapide. Un truc qui disait : « Je ne t'aime plus mon amour, je ne t'aime plus tous les jours. »

J'ai dit que je ne savais pas danser et que de toute façon j'étais trop défoncé. Elle a insisté.

— Les gens qui dansent ont l'air gland.

Elle a fait mine de ne pas m'entendre et elle a pris le téléphone pour annoncer la nouvelle à sa mère. Je lui ai demandé d'attendre le lendemain matin et on a fait l'amour. J'avais déjà envie d'être ailleurs.

Vers 1 heure, je suis rentré chez moi pour annoncer à Alice que je la quittais.

Quand j'ai ouvert la porte, j'ai su qu'elle avait tout compris.

Et c'est sorti tout seul.

Je partais, il n'y avait rien à dire, à commenter ou à rajouter, c'était la vie, tout finissait.

J'avais l'air plus sûr de moi que complètement raide, j'étais un peu les deux. Je passais calmement du salon à la cuisine, de la cuisine au salon, déambulais dans le couloir et continuais sur ma lancée.

— Je ne suis pas heureux avec toi, je me suis trompé, je vais refaire ma vie. J'en aime une autre. Voilà.

C'était le monde à l'envers. Alice n'a pas ouvert la bouche et s'est installée sur le canapé du salon. Je me suis couché sur notre lit sans rentrer sous la couette et j'ai gardé les yeux ouverts pendant la moitié de la nuit, à observer au loin à travers le plafond. J'essayais de me débarrasser de cette image mais cette image, celle d'un mur qui s'effondre, l'emportait haut la main sur mes dix ans de vie commune.

Je trouvais que dix ans de quotidien contre un effondrement brusque et soudain ça ne tenait pas la route, c'était idiot, stupide, inconséquent, inutile.

Mais c'était plus fort que moi. Tout ça pour ça et la violence du constat, le voile qui protège, qui sacre, qui réconforte et sublime se fend : une étole sur un barbelé.

Ce soir-là, en un clin d'œil, Alice est devenue mortelle à mes yeux.

Comme un krach boursier au plus fort de la tempête, sa valeur s'est effondrée d'un coup.

J'ai allumé la lumière du living et je l'ai regardée s'éloigner.

Quitter Alice pour me faire larguer par ma maîtresse que je n'aimais pas plus que ça, c'était, à bientôt trente-cinq ans, ma manière de prolonger l'adolescence, d'avoir une dernière fois quinze ans.

J'avais fui le domicile conjugal et les compromis d'homme marié comme on fait le mur, pour m'échapper et vivre l'impossible.

Devant ma pile de cartons, je comprenais que je n'avais pas abandonné Alice et les enfants pour un autre que moi.

J'étais excité de rattraper ce bout de vie qui m'avait tant manqué, celui où l'on se dit que tout est imaginable, que le jeu reste ouvert, qu'il n'est pas trop tard pour gagner et faire de sa vie un chemin.

Ma nouvelle vie commençait.

À la fin de mon pack de bières, face à mes vingt-deux cartons, j'étais finalement soulagé que cette pauvre Lara et son sursaut de bonne conscience aient débarrassé le plancher à ma place.

Enfin prêt à faire connaissance avec la nouvelle solitude qui s'offrait à moi et dont je ne savais encore rien, je ne réalisais pas que j'entraînais avec moi deux enfants dont j'ignorais presque tout.

13

Au téléphone

Quand j'appelle pour parler aux enfants, Alice passe toujours directement le combiné à Alma qui n'oublie jamais de me rappeler, mal à l'aise, que sa maman ne veut plus me parler ni me voir. Et sa voix se met à vaciller, basse et contrainte, son rire devient faux, gêné, et elle fait vite, cherche à se débarrasser de notre discussion et raccroche d'un coup sec, innocente et brutale. Alice n'est jamais loin, tapie dans l'ombre. J'entends son souffle, elle guette et m'observe.

Depuis le début, c'est comme ça.

Alice n'a jamais changé sa ligne de conduite.

Le jour de mon départ, elle a tout de suite fixé les règles du jeu.

— Antoine, à partir du moment où tu passeras cette porte pour la dernière fois, tu ne me reverras plus. Tu iras chercher les filles à l'école et chez la nounou et tu les ramèneras devant ma porte le dimanche soir. Pour le reste, organisation des week-ends, planning des vacances, urgence et vie quotidienne, texto.

Je n'avais pas imaginé qu'elle me refuserait si longtemps le droit de visite syndical si cher à tous les types qui s'en vont, un œil sur la route qui s'ouvre belle, l'autre dans le rétroviseur embué de la nostalgie : le droit de se croiser au moment des échanges d'enfants. Moment cruel et solennel, inventé par les humains pour remuer le couteau dans la plaie et vérifier en douce leurs sentiments.

Ces interstices qu'offrent les ruptures sont les piqûres de rappel qui participent au deuil général du couple. Le duo qui n'est plus se reforme pour l'occasion, entre deux portes, le temps d'un courant d'air dans une cage d'escalier. Les anciens amants se jettent un regard, convexe ou biseauté.

Les enfants canalisent les troupes. Drapeaux blancs, ils sont les lianes indéracinables vissées à ces troncs parfaitement élagués dont plus aucune branche ne daigne désormais se laisser toucher.

Quoi qu'on dise et quoi qu'on fasse, dans ces moments-là, que l'on se haïsse à visage découvert ou que l'on s'aime encore en sourdine, on n'est jamais véritablement séparé l'un de l'autre.

Et lorsqu'on vient s'échanger nos petits, que l'on prend la peine de se croiser pour le deal, il y a encore des bulles dans la coupe, l'empreinte d'un rouge à lèvres sur le bord du verre, l'odeur d'un parfum sur une veste et l'image d'un nous, furtif, nous traverse, en souvenir du bon vieux temps.

14

Dans la nuit

J'ai d'abord trouvé ça bien. Ça m'a fait des vacances, l'impression de flotter dans l'air, de me jeter du haut d'un toit, de voler, léger et indifférent.

Combien de fois j'ai claqué la porte de chez moi en pleine nuit, dévalé les escaliers quatre à quatre, allumé une cigarette et cherché un taxi ?

Combien de fois je suis parti rôder, en souhaitant que la soirée ne s'arrête jamais ?

Combien de fois, pour affronter ce vide, j'ai trouvé la force de renoncer à nos souvenirs en choisissant, pour les rendre flous, de courir la tournée des bars et des boîtes ?

Combien de fois j'ai tenté de creuser notre tombe et de fuir à la rencontre d'ersatz de conversations ?

Pendant six mois j'ai vu défiler la nuit à mon poignet. J'ai retardé sans cesse mon retour autour d'un dernier verre, d'une autre confession, d'un nouveau regard, d'une autre rencontre.

C'était mieux que de se souvenir, toutes ces nuques à respirer, ces yeux, ces jambes, ces trottoirs mouillés, ces cavalcades de taxis, ces lumières en pagaille et la musique pour se transporter.

Au début, la nuit m'a donné raison, elle m'a aidé à revivre, elle m'a enrobé et j'ai aimé ça. J'ai aimé me perdre dans ses couloirs, me réfugier dans ses colliers, me planquer sous son manteau.

J'ai pris le temps de tout oublier, jusqu'à ma nouvelle adresse, sous une pluie de paillettes et de hauts talons. Je suis devenu un zombie en cavale, spécialiste de l'ouverture de portes qui ne ferment pas avant les premiers rayons du soleil.

Je retenais l'heure et payais rubis sur l'ongle leurs consommations à d'autres fleurs fanées.

Leurs corps m'appelaient et je me suis abîmé chaque nuit davantage.

Je n'ai pas eu le temps d'avoir honte d'être moi, honte d'avoir laissé tomber Alice. Je déjouais sa disparition en enlaçant ces jupes froissées et je me retrouvais inerte au petit matin, informe sous ma couverture, cœur mort, bouche pâteuse et regard triste, juste soulagé de ne pas avoir passé la nuit seul à me souvenir de nous.

15

Sans mes amis

Bien sûr je n'avais plus d'amis. À la minute où j'ai quitté Alice, ils l'ont suivie. Une sorte de parti s'est formé, le « Parti de la pauvre Alice qui venait de se faire plaquer comme une merde par son chien de mari qui ne se rendait pas compte, parce qu'il était fou et/ou en dépression, à cause de son addiction à l'alcool, aux médocs, aux pétards et à la vie qu'il voit toujours en noir, de la chance qu'il avait d'avoir une femme aussi géniale, top, patiente, pas chiante, intelligente, sexy, dévouée, généreuse, ouverte, cool, qui fait tout et gagne sa vie. »

Au début j'ai essayé de joindre les plus fiables. Message, répondeur, texto : zéro réponse.

Nos bons, nos très bons, nos meilleurs amis, ceux que nous avions invités tant de fois à venir partager notre petit bonheur conjugalo-familial, ne me répondaient plus.

Je partais, j'étais le pestiféré.

Les amis sont ceux qui prennent le soin d'ouvrir au couteau à huître les couples qui se séparent. Ils n'oublient jamais de se ranger du côté de la perle.

Les miens étaient si tristes d'apprendre notre séparation qu'ils n'avaient plus le courage de me voir, ni de me prendre au téléphone.

Alice se cognait les condoléances. C'était la fin de notre histoire et c'est moi qu'on enterrait.

Les filles projetaient, la main sur la boîte de Kleenex de mon ex, leurs états d'âme sur notre rupture et déroulaient leurs conseils avisés.

« Il faut que » et toutes ses variantes…

Que tu penses à toi.

Que tu penses aux filles.

Que tu lui fasses payer.

Que tu lui prennes tout ce qu'il a.

Que tu les lui coupes.

Qu'il ne voie plus ses enfants.

Que tu ne te laisses pas aller.

Que tu sois forte.

Que tu sortes.

Que tu te trouves un mec stable. Un mec moins con qu'Antoine, c'est pas compliqué.

Que tu te fasses baiser.

Du côté des hommes, ils allaient tous sans exception tenter le coup. SMS à pas de loup. Battements d'ailes de charognards.

Invitation à déjeuner pour les plus prudents. Dîner, pour les plus téméraires. Coup, ultraprévisible, du dernier verre.

Tentative de roulage de pelle dans la voiture pour les plus radins.

Séduction à deux balles dans tous les cas.

Le concours était lancé.

Qui serait le premier à mettre ma femme dans son lit ?

16

Dans le métro

Pendant six mois, Alice ne m'a pas manqué, puis, doucement mais sûrement, c'est monté jusqu'à moi.

C'était le début de l'été, le soleil de juin qui pointait, j'ai cru l'apercevoir de dos qui marchait.

Un débardeur blanc soutenu par deux bretelles fines, une jupe rouge qui tombait, longue sur le bas des chevilles, peut-être une paire d'espadrilles. Je me suis surpris à sortir en trombe. J'ai accéléré pour suivre sa silhouette qui s'éteignait dans la foule en pente douce. J'ai souhaité qu'elle se retourne, prié pour entrevoir son visage, et je lui ai couru après, très vite.

Elle avait déjà disparu, engloutie par le large tunnel d'une station de métro qui béait devant moi, drainant sa procession d'ombres.

Puis j'ai commencé à la voir partout, dans la rue, le bus, les embouteillages, au cinéma, au restaurant, dans les bars, et même en bas de chez moi, la nuit, qui m'attendait, enroulée dans son imper sable, le dos moulé sur le capot d'une voiture.

J'ai commencé à imaginer sa vie, un peu, beaucoup, tout le temps, à taper son nom sur des moteurs de recherche, à revoir nos photos, à traîner en bas de chez elle tard le soir. À chercher un signe, à traquer un indice, les yeux levés vers la fenêtre de ce qui avait été ma chambre, en attendant qu'elle éteigne la lumière et qu'elle s'endorme enfin. Je me disais qu'Alice avait vite trouvé son rythme et que mon départ ne changeait finalement pas grand-chose à sa vie.

Je restais de longues heures allongé sur mon lit à simplement la regarder.

Alice dans le salon, Alice dans la salle de bains, Alice sous la couverture. Je me glissais dans sa penderie. La robe qu'elle allait porter, invisible, voyeur, ensuite elle était nue.

Le soir c'était elle et moi à califourchon et le désir XXL. Au petit matin, les cheveux mouillés, elle avalait les marches quatre à quatre, la main posée sur la rampe du long escalier de bois. De la fenêtre, je l'entendais ouvrir la porte noire de l'immeuble et filer chercher sa voiture bleue.

Alice prenait les couloirs de bus et se faisait souvent arrêter. Pour s'en sortir, elle balançait ses cheveux de droite à gauche et envoyait un sourire à son adversaire avant de reprendre sa course effrénée.

Ses cheveux mouillés, son sourire, son cul. Un an plus tard, cette sainte trinité avait, toutes portes fermées, toujours raison de moi.

Depuis mon départ, elle avait retrouvé le corps de ses vingt ans. C'était une femme renforcée par la douleur et le chagrin, une fille sublime.

Moi qu'étais-je devenu ?

Je divisais ma vie en deux, l'ombre d'Alice en trait d'union.

17

« Besoin d'être seule, garde les enfants »

Seulement fendu par la lumière des réverbères, un épais brouillard nous enroule. Le problème n'est pas d'aller à la pizzeria avec les enfants, c'est d'en revenir lorsqu'il est tard et, à quelques encablures de Noël, qu'il fait très, très froid.

Il n'est pas loin de 22 h 30 quand je finis de garer la voiture de l'autre côté de la rue.

Alma me tient par la poche arrière de mon jean et Claire est pendue à mon cou qu'elle serre de toutes ses forces, ses jambes se croisent derrière mon dos et me cassent les reins, sa nuque s'alourdit au creux de mon épaule, ses yeux se ferment, sa respiration ralentit, elle s'endort, doucement.

Lorsque nous arrivons devant la maison, j'ai un cartable sur l'épaule droite, une enfant qui sommeille et une autre bloquée dans l'ascenseur.

Alma a voulu faire la course et a filé comme une balle. Elle a tapé le code à toute vitesse, traversé la petite cour pavée et s'est enfoncée tête baissée dans le noir jusqu'à la cabine. Je ne vois plus qu'un bout de son sac de gym qui dépasse entre les portes et j'entends sa petite voix.

— Ne t'inquiète pas papa, je n'ai pas peur, c'est déjà arrivé quand on était tous les trois. Hein, papa, faut pas avoir la trouille ?

Mon téléphone vibre, je viens de recevoir un nouveau message. C'est un texto d'Alice. Une phrase clignote sur mon écran :

« Besoin d'être seule, garde les enfants. »

Je pose Claire à moitié endormie sur une marche de l'escalier et, comme un automate, file un grand coup de pied dans les portes chromées qui s'ouvrent en un flash et libèrent Alma pas très fière. Je ne prends pas le temps de lui en vouloir et nous montons en silence les quatre étages qui nous conduisent chez nous.

Alice a rencontré quelqu'un. Alice est amoureuse. Son cœur recommence à voir le jour, il fonctionne à nouveau. C'est beau, c'est de la mécanique. Bon, elle a mis du temps, le temps de se remettre : un an de désert sans voir personne, peut-être, peut-être pas. Si ça se trouve, elle est avec lui depuis longtemps. Peut-être même bien avant que je ne la quitte. Si ça se trouve, toute cette affaire l'a bien arrangée. Pourquoi les filles ne m'ont-elles rien dit ? Ce texto, ce n'est rien d'autre que sa manière à elle de me dire les choses, rien d'autre qu'un faire-part en mode t9, tapé à la va-vite pour, si possible, me faire mal.

Elle aurait pu décrocher son portable pour m'annoncer la bonne nouvelle. Dix ans de mariage pour ne plus se parler qu'en 160 caractères. Amoureuse et courageuse, la totale.

Envie de lui répondre : « Sale pute par qui m'as-tu remplacé ? »

Je fais défiler mon carnet d'adresses à toute allure, les mains moites. Cherche, Antoine, cherche… Je ne crois pas deux secondes en une nouvelle rencontre, ça sent l'entourage cette histoire. Ça sent même l'ami proche, le vieux pote, oui, c'est un homme qu'elle a déjà croisé, on le sait bien, on n'est jamais mieux trahi que par les siens.

Sacrée Alice. Pas le genre Marie-couche-toi-là, pas le genre à combler, plutôt le genre à prendre son temps, à bien choisir, à peser le pour et le contre puis à foncer sans plus reculer, en regardant droit, fièrement, la vie qui repousse et le cœur qui bat. L'inverse de moi, exactement.

J'ai brusquement peur de savoir. C'est difficile, d'avoir honte.

— Tu fais quoi, papa ?

Calfeutrées dans leur gros manteau, Alma et Claire attendent sagement que je m'occupe d'elles.

— Tu veux bien ouvrir la porte et nous lire une histoire.

— Oui, une petite histoire pour s'endormir.

— Pas ce soir. Allez on se déshabille, on se lave les dents et on se couche.

— Je veux voir maman.

— Claire, c'est pas le moment.

18

Au parc

Quand j'ai pris les filles tout seul pour la première fois, j'étais complètement paumé. Avant nos petits rituels du matin et nos jeux complices, on a d'abord été des étrangers. Et malgré les beaux discours, elles ont commencé par ne rien comprendre. Pourquoi tout d'un coup papa ne dormait plus avec maman, pourquoi tout d'un coup papa n'habitait plus dans la maison, pourquoi tout d'un coup papa avait fichu le camp ?

Même si je ne m'en étais jamais occupé, même si je n'avais jamais rien fait pour elles, elles avaient pris l'habitude de me croiser, un peu distant, souvent agacé, mes deux abstractions avaient fini par apprivoiser mon ombre comme j'avais appris à vivre avec leur silhouette, faire avec leur mouvement, et c'était à peu près tout.

Quand elles ont débarqué chez moi, il n'y avait rien, à peine deux caisses de jouets dans la petite pièce qui allait leur servir de chambre. Dans le salon, la pyramide de cartons avait muté en petit train. Je n'avais pas pris le temps de faire le tri.

J'ai essayé de les détendre et de leur expliquer que je n'avais pas encore tout à fait fini d'arranger notre nouvelle maison.

Claire n'était plus qu'un cri qui réclamait sa mère. Comme on était vendredi soir, je les ai emmenées à la pizzeria. Cette nuit-là, on a dormi tous les trois sur mon matelas en se serrant comme des chiots, et ça nous a fait notre premier souvenir.

Le lendemain, c'était l'automne qui débutait, et malgré la pluie qui crachait, on a filé au parc, prendre l'air.

Nous étions seuls, encerclés par de grands arbres déplumés qui nous contemplaient, et tout le monde avait peur. Les filles ont vaguement essayé de se distraire en grimpant sur un mur d'escalade qui glissait. Je leur ai offert deux tours sur des chevaux en bois. Le manège élimé et cabossé avait des airs de nénuphar fané. Hanté par son carrousel de montures fatiguées, il tournait couinant et las au rythme d'un accordéon sous Prozac. L'œil vitreux, le vendeur de tickets attendait, la tête rentrée dans ses épaules, immobile dans sa guérite en plastique, d'hypothétiques clients.

Alma et Claire ont vite filé se réfugier dans une cabane en teck endormie au fond du jardin public. J'avais l'air d'un con sur mon banc et j'avais froid. J'essayais de trouver un moyen d'occuper le temps qui ne passait pas, je piétinais et je pensais à toutes les fois où nous avions débarqué là avec Alice et les enfants et où, sur ce même banc, je la serrais dans mes bras.

— Papa, j'ai froid.

— Papa, elle est où maman ?

Les filles tournaient en rond entre les paquets de feuilles mortes, certaines n'étaient pas encore tout à fait jaunies par le temps qui passe, elles étaient encore un peu en vie, encore en transit, un peu vertes, pas tout à fait achevées mais déjà condamnées.

J'ai vu arriver d'autres enfants au compte-gouttes avec des K-way qui masquaient leurs yeux tristes et, derrière eux, au ralenti, des hommes le dos courbé, mes frères.

Je venais de passer, le temps d'une rupture, du parc au soleil en famille au parc sous la pluie en solo, le parc de la grisaille des pères célibataires qui traînent sur des bancs le regard vide et mort en surveillant de loin leurs enfants chéris.

Je vivais mes premières errances du samedi matin, tenant dans chaque main mes filles qui suivaient, courageuses, leur drôle de guide.

Je n'avais plus d'idée, je ne savais plus où aller et surtout quoi faire, après vingt minutes dans ce parc idiot avec elles je commençais à perdre ma notion du temps.

Je voyais les autres pères accrochés à leur téléphone portable, et le mien qui ne sonnait pas. Pour me donner de la contenance et arrêter de regarder mes pieds, je faisais semblant de prendre un appel et d'envoyer des textos. Je regardais l'heure qui n'avançait pas, prisonnier en plein air sous cette pluie fine, même pas franche, et je me surprenais d'avoir tous les culots, y compris celui de cet immense chagrin que je ne contrôlais pas et qui me submergeait.

Le vide que j'avais recherché m'épuisait, j'étais désarmé et je me sentais lamentable d'être assis là, incapable de jouer avec mes enfants plus de trois minutes sans avoir envie de dire stop et de les abandonner. D'appeler la police pour expliquer que j'avais trouvé deux gniards perdus et trempés au milieu des arbres morts. Et de rentrer chez moi m'allonger dans un bain chaud, une bouteille posée sur le rebord, un joint dans le cendrier, pour tout oublier, zapper.

Je comprenais mieux soudain la force d'Alice qui, les jours de pluie après une semaine de dingue, trouvait, les week-ends, le courage d'aller seule au parc pendant que moi je restais tranquille à bouquiner sur mon canapé.

Je m'apitoyais sur mon sort devant mes enfants désœuvrés et je trouvais ça faible d'être un homme, aujourd'hui, autant que gonflé d'être une femme. J'étais à la frontière, partagé entre le dégoût de moi-même, un féminisme libidineux et une franche misogynie que j'observais monter en moi. J'avais envie de m'envoyer un direct en plein cœur.

J'étais hors jeu, assis sur ce banc que la pluie lavait des fientes de pigeon.

Je n'avais gagné dans ma séparation que le cumul des mauvais rôles.

J'entrais de plain-pied dans une autre dimension.

Je n'étais à l'évidence pas préparé à regarder mes filles se tenir devant moi, en pleurs.

Le printemps suivant, je suis revenu au parc le cœur plus léger. Je reprenais peu à peu mes esprits, en poussant d'un bras, Claire et Alma sur leur balançoire. Le banc était toujours aussi sale, mais nous n'avions plus peur.

19

Dans la chambre des filles

Avant de devenir le roi du parc, le prince du toboggan, l'archange du manège en bois, le dieu du tourniquet, j'ai passé de longs dimanches d'hiver enfermé dans la chambre des filles à les découvrir.

Je m'étais décidé à devenir père. Je n'avais pas vraiment de lacune à combler, j'étais vierge, je ne savais rien faire. J'allais prendre sûrement quelques coups, me réveiller avec pas mal de courbatures, mais j'étais motivé et, je le savais, je ne pouvais que progresser.

C'était ça ou continuer d'appréhender mes enfants comme des inconnus. À ne voir en eux que le prolongement d'une histoire terminée, à ne conjuguer mes filles qu'au passé.

C'est au début de la première semaine après les vacances de Toussaint que je suis entré dans ma peau de père. C'était la première fois que les filles venaient passer une semaine entière avec moi.

J'avais mis trois réveils pour être sûr de ne pas rater mon premier enchaînement, lever, doucher, petit déjeuner, habillage, transport, dépôt minutes, Alma à l'école, puis Claire à la crèche, retour maison, rangement chambre des filles, courses, travail, goûter.

Ensuite ça s'accélérait : récupération Alma école 16 h 30, puis passage éclair chez la nounou de Claire qui faisait l'interface après la crèche, mais jusqu'à 17 heures seulement. Ça ne me laissait qu'un battement de trente minutes pour éviter le passage à l'heure supplémentaire et garder un rythme sain jusqu'au coulage de bain de 19 heures avec une marge d'erreur d'une heure (embouteillages, crochet par le supermarché aux heures de pointe…), ce qui nous donnait au plus tard un bain vers 20 heures, un dîner vers 20 h 30-20 h 45 et un coucher à 22 heures, avec l'assurance qu'aucune des deux filles ne se lèverait à temps le matin et qu'à la fatigue succéderaient la mauvaise humeur, puis les caprices.

J'avais punaisé un planning sur la porte du frigo pour ne rien oublier et pris quelques résolutions, ne pas boire, fumer à la fenêtre et ne pas sortir quand elles étaient là.

J'avais fait les comptes : avec les filles à la maison, je devais assurer sept petits déjeuners par semaine, sept dîners et, grâce à la cantine et à la nounou et sauf cas de force majeure, seulement deux déjeuners. Je n'avais jamais fait la cuisine, toujours enclin à me resservir deux fois des plats préparés par les autres et, globalement ces dix dernières années, par Alice. J'avais décidé de faire un effort surgelé.

J'ai commencé par investir des fortunes dans des salades de brocolis préchauffées, des saumons en papillote, des tonnes de trucs aux noms compliqués à faire revenir au micro-ondes, des sachets mixtes de carrés d'épinard et triangles d'aubergine, et je n'ai eu que ce que je méritais, du mépris, des reproches et des cris.

Alors, j'ai lâché la rampe et sorti l'arme fatale : jambon coquillettes à tous les repas avec supplément ketchup et gruyère râpé à volonté, des carrés de poisson frit, des barres de poulet jaunes, des purées plug and play. Je finissais toujours en beauté : cornets de glace au chocolat noir, blanc, au lait, à la noix de pécan, au caramel, et je suis devenu un héros.

Mes filles mangeaient peut-être n'importe quoi et faisaient certainement ce qu'elles voulaient, mais elles avaient l'air bien et surtout elles m'aimaient.

Je suis passé en quelques jours seulement de l'effroi à la joie, et je trouvais ça bien d'être un père. J'ouvrais mes bras et mon cœur.

Peu à peu nous avons fait notre nid.

Alma et Claire ont aimé leur nouveau lit, leurs nouvelles étagères, leurs cadres à photo et leur table de nuit. Elles ont pris possession de leur bureau et de leurs deux chaises, de leurs gros oreillers, de leur espace et de leur nouvelle maison.

Et j'ai commencé à faire ce que je n'avais jamais fait avant, j'ai joué avec mes enfants, joué et joué encore à la poupée, à la marchande, au docteur, à la dînette, au papa et à la maman, à Blanche-Neige et à Cendrillon, au roi du cirque et à la maîtresse.

J'ai appris à dessiner des princesses, j'ai construit des maisons en Clipo, des châteaux en Lego, monté des fermes Playmobil, révisé les règles des petits chevaux, gagné aux Mille Bornes, aidé au pendu, organisé des concours de peinture à l'eau et peint sur mes fenêtres à l'éponge.

J'ai écrit sur des ardoises magiques, fini des puzzles géants avec des lettres de l'alphabet en carton, lancé des pêches à la ligne sauvages et inondé ma salle de bains.

Je me suis fait battre au Memory, j'ai gagné à la bataille, triché aux Sept Familles, découvert le Qui est-ce ? et le Docteur Maboul, et même tenu le salon de coiffure Polly Pocket toute une après-midi.

J'ai regardé Dora, Babouch et Shipper le renard à la télévision, hurlé « sac à dos, sac à dos », je suis rentré dans la secte worldwide de la gourou des enfants.

J'ai dévoré des histoires de Père Castor, acheté les CD de Martine. J'ai donné son bain au bébé noir de Claire, je l'ai langé aussi et baladé dans l'appart dans sa poussette orange.

J'ai offert la dernière DS à Alma et je me suis fait humilier à *Mario Kart* ; puis avec un peu d'entraînement j'ai progressé et j'ai acheté une deuxième console pour moi aussi, élevé des chiens virtuels, dressé des chevaux qui n'existaient pas et communiqué en infrarouge avec ma fille.

J'ai monté la maison de Barbie, accepté de me maquiller en chat et de me déguiser en sorcière. J'ai fait des crêpes au sucre, je me suis mis à chanter des comptines pour Claire et des tubes d'Hannah Montana pour Alma. J'ai inventé des histoires et j'ai recommencé à danser.

20

Dans mon lit

J'avais gagné la partie, un an après mon départ, j'avais trouvé mon rythme avec mes filles. Si j'avais fait le deuil de leur mère en tant que chef scout de notre campement, j'avais un peu moins réussi, et pour tout dire complètement foiré, celui de ma femme. Alice la disparue de la rue d'à côté me manquait et je me serais volontiers fait crucifier par Béatrice Sauvignon plutôt que d'avouer ce sentiment étrange qui me gangrenait peu à peu.

Depuis que j'avais suivi son dos dans le métro, quelque chose avait changé. Le visage d'Alice me réveillait la nuit, sa voix me claquait aux oreilles, ses apparitions se multipliaient, et dans ma tête le diaporama de notre vie d'avant se mettait chaque jour en route plus tôt la nuit et plus régulièrement dans la journée.

Avec le temps je voyais défiler son visage de plus en plus net, une image pixellisée affinée grâce au dézoom.

Quand elle se tenait face à moi, Alice reposait souvent sa tête dans sa main, son menton dormait dans sa paume et ses doigts écartés dessinaient des chemins comme autant de possibilités et de chances à saisir.

Son nez fin et léger entre deux pommettes rebondies surplombait deux joues creuses.

Son sourire m'ouvrait le regard et dévorait son visage. Son grand front ressemblait à un mur vierge, il m'avait donné plus d'une fois l'envie de peindre dessus. J'avais aimé ses yeux noirs, ses yeux rieurs qui s'étiraient de tout leur soûl lorsque, assise de la sorte, elle les plongeait dans les miens.

Sur le côté, de fines pattes d'oie tiraient des lignes comme les rayons d'un soleil. C'était ce que je préférais chez Alice, ses pattes d'oie.

Elle avait conservé ses sillons étoilés qui s'enfuyaient loin, comme ses cils, moins pour chercher l'avenir que pour dire son passé de drôle de fille.

Mais ce que je préférais par-dessus tout, c'était son cou, et plus exactement sa nuque quand le soir je soulevais sa crinière blonde par-dessus son crâne pour y déposer un baiser. Alors je savourais et glissais mon nez sur un fin duvet jaune enfantin qui escaladait la paroi jusqu'à la racine de ses cheveux de femme.

Alice reconstituée par la mémoire interne de mon disque dur, ça donnait sa bouille à la mer, sa trogne à la montagne, sa ganache à Bali et nous deux sur une balançoire. Cette façon d'être ensemble, de la serrer dans mes bras, ses cheveux en bataille et son sourire, large.

La nuit, ma mémoire était une tombe où vivaient deux morts vivants, à intervalle régulier ils sortaient du caveau faire un tour, et leur image, notre image se reflétait sur les murs de ma chambre nue.

Mais ce matin, j'ai un drôle de goût dans la bouche, un mélange de pizza et de cendrier froid qui se confond avec des relents de vodka. Les filles se sont glissées dans mon lit. J'ai très envie de leur parler, j'ai très envie de leur poser des questions peu adaptées à l'âge de mon auditoire.

— Est-ce que votre mère m'a complètement oublié ?

— Est-ce que votre mère vous parle de moi un peu ?

— Est-ce qu'un monsieur vient souvent à la maison pour parler avec maman ?

— Est-ce que quand il vient c'est le jour ou c'est la nuit ?

— Est-ce que le monsieur dîne parfois avec vous ?

— Est-ce que le monsieur reste dormir à la maison ?

— Est-ce que maman a un amoureux qui dort dans son lit ?

— Est-ce que votre mère a un mec ?

— Est-ce que votre mère couche avec un autre que moi ?

— Est-ce que votre mère aime ça et prend du plaisir ?

— Est-ce que votre mère crie quand elle fait l'amour ?

Mais je ne vais pas sur ce terrain-là, leurs yeux pétillent et me commandent de filer sous la douche et de leur préparer le petit déjeuner.

Je saute de mon lit en leur expliquant dans ma barbe et beaucoup trop vite pour qu'elles comprennent que, si c'est facile de rompre, c'est beaucoup plus dur de se séparer.

— Papa, on aurait dit que tu es le prince de la Belle au bois dormant.

21

À la librairie

Claire veut mettre une robe, la rouge en toile qu'elle adore, je dis non et elle se roule par terre en jetant à travers le salon le pantalon que je lui tends.

Alma essaie de la raisonner.

On ouvre la fenêtre pour lui montrer la neige qui tombe, ça l'apaise un peu, et elle recommence à hurler, d'abord debout, puis sur le dos en tapant des pieds, des mains, des poings. Écarlate, à moitié asphyxiée par la rage, des sanglots gros comme de la grêle lui sortent des yeux, son nez coule une morve épaisse, sa bouche s'ouvre de plus en plus grand, j'ai l'intime conviction qu'elle va se décrocher la mâchoire.

Je l'attrape pour lui enfiler son jean. Elle fait l'anguille et devient molle : une poupée de chiffon.

Je n'arrive pas à la calmer, et je prends sacrément sur moi pour ne pas la balancer par-dessus bord, vu que la fenêtre est toujours ouverte. Je sens ma colère monter et je lui serre le bras, franchement.

Depuis que j'ai appris à connaître mes filles et que je me suis métamorphosé en moitié de Charles Ingalls, j'ai progressé, je suis devenu un type presque bien.

J'ai presque arrêté de trouver les enfants emmerdants, contraignants, salissants, bruyants, fatigants.

J'ai presque arrêté de me dire que les enfants sont une perte de temps, que les enfants nous empêchent de vivre quand ils tuent notre adolescence en nous obligeant à devenir responsables.

J'ai presque arrêté de me plaindre de ne plus découcher librement quand les filles sont chez moi, sans que ça me coûte un smic en baby-sitter.

J'ai presque arrêté de regretter de ne plus pouvoir m'ouvrir en deux et de faire venir au petit matin la dernière pétasse que j'ai trouvée dans la rue.

Depuis que j'ai découvert mes filles, je suis presque clean, presque zen, au moins une semaine sur deux.

La séparation rend les parents schizophrènes.

Les semaines paires ils se tiennent à carreaux, les semaines impaires ils retombent en enfance à leur tour et s'offrent des pétages de plombs. Ils rattrapent le temps perdu. Ils se paient rien que pour eux tout ce que la vie de famille leur a volé pendant tant d'années.

Ensuite ils récupèrent un peu, vautrés dans leur lit, ils se shootent à l'aspirine, se bourrent de thé vert et prennent souvent leurs enfants pour des bouillottes.

Aujourd'hui pour « Monsieur presque », c'est une première. C'est la première fois que Claire me sort par les trous de nez.

Alors ça fiche un coup à Alma qui n'aime pas quand je m'énerve et elle aussi se met à pleurer sans prévenir. Je monte la musique à cause des voisins, pour couvrir les cris de mes enfants capricieux et effrayés : ce matin, elles ont choisi le mauvais moment pour me faire chier.

— Papa, pourquoi t'es en colère ?

— Je suis en colère parce que Claire m'emmerde à vouloir enfiler sa robe rouge qui est une robe d'été parfaite pour aller à la plage, faire des pâtés et mettre du sable partout, pas une robe pour marcher dans la rue quand il neige. Et puis je suis votre père donc quand je dis qu'on met un pantalon, on met un pantalon !

Je claque la porte de ma chambre.

— Quelle autorité !

Alice est assise de l'autre côté du lit.

— Tu vois que ce n'est pas si facile de rester zen avec les enfants.

— Alice ?

La porte s'ouvre doucement.

Claire, pouce dans la bouche et morve au nez, réapparaît avec son pantalon dans la main.

En face de moi, Alice a disparu.

Nous marchons dans le froid, Alma sur sa trottinette, Claire loin derrière, ses nouvelles chaussures lui font mal aux pieds. J'avance de travers en canard au milieu de mes deux filles. Je crie à la grande de ralentir et à la petite de se dépêcher. Dans la rue, je suis tiraillé, je fais le pont entre deux âges et j'ai des yeux partout. Nous sommes en mission, trouver un cadeau pour Agathe, qui fête ses sept ans. Sa mère a divorcé d'avec son père il y a trois ans, ils se sont remariés il y a six mois, au milieu de l'été, et Alma a trouvé ça très beau qu'Agathe ait de nouveau ses parents ensemble.

— Tu ne trouves pas papa ?

Je marque un temps, elle passe à autre chose. J'aime sa délicatesse à ce moment précis, et nos deux silences blottis l'un contre l'autre, le sien rond comme un vœu, le mien fuyant comme une comète.

La librairie est pleine à craquer. Alma navigue entre les tables et file choisir un livre rose en forme de triangle. Il ressemble à un château, c'est un bouquin pour apprendre à dessiner les fées et les princesses. Je lui demande quelle est la différence entre une fée et une princesse. Elle me répond que les fées se penchent parfois sur le berceau des princesses, ça les aide à rencontrer des princes. Je lui réponds que les princes n'existent pas et que les princesses sont une espèce en voie de disparition. Elle éclate de rire.

— Tu dis n'importe quoi. Tu es un prince et maman est une princesse, c'est pour ça que vous

vous êtes mariés et que vous avez été heureux et que vous avez eu deux filles. De toute façon, si tu n'étais pas un prince, tu ne pourrais pas m'appeler ta petite princesse.

— Tu crois ça ?

— Et puis, tu sais papa, parfois les princesses sont des fées, moi je suis un peu fée, j'ai un pouvoir, parfois, je vois ce que pensent les gens.

— Ah oui ? Et comment ça ?

— Toi par exemple, je sais que tu es triste parce que maman ne veut plus te voir, parce que tu lui as fait de la peine.

— Ah bon ? Tu vois ça, toi ?

— Oui, ce serait bien que tu retrouves ta princesse pour que tu sois moins triste, comme le papa d'Agathe.

— Ma chérie, ne sois pas trop romantique et ne compte pas trop là-dessus.

— Papa, ça veut dire quoi romantique ?

Oui, n'y compte pas trop, mon amour. Je sais que les enfants dont les parents ne sont plus ensemble rêvent toute leur vie qu'ils se retrouvent comme les parents d'Agathe, mais ta mère et moi ce n'est pas un conte de fées, c'est une explosion nucléaire à retardement.

Elle ne veut plus me voir parce que je suis parti avec une autre du jour au lendemain, sans trop me fouler sur les explications.

On peut la comprendre, non ? Oui, je défends maman, tu vois, je suis un enfoiré, mais au fond j'ai du cœur.

Tu dois savoir que les papas sont souvent des polygames contrariés.

Le pire c'est que, dans la plupart des cas, ils aiment encore leur femme, ils n'en sont simplement plus amoureux. Il faut que tu piges cette nuance. Aimer sa femme, c'est lui vouloir du bien, quoi qu'il arrive. Être amoureux, c'est avoir envie de la baiser. C'est une autre histoire qui, en général, après dix ans de vie commune et deux enfants, parle d'une autre femme. Tu comprends ?

Si les maris avaient le courage et les femmes l'intelligence d'accepter de vivre en garde alternée, il n'y aurait plus jamais de divorce. Les gens se séparent parce qu'ils se voient tous les jours, c'est-à-dire pas assez. Se voir, ce n'est pas se croiser. Se croiser c'est finir dans le fossé. Bien se voir, ça prend du temps. Quand on est dans le quotidien, on devient aveugle de l'autre, quand on a pris rendez-vous, l'autre nous éblouit.

Si la vie était bien faite, les papas auraient plusieurs femmes et les femmes plusieurs maris, mais en même temps.

Chacun, chacune, aurait sa spécialité : le bricolage, le ménage, la fête, la conversation, l'intime, les courses, les enfants, la baise.

Il n'y aurait plus de place pour les reproches, juste pour le bon sens commun.

Trois femmes c'est le minimum dans la vie d'un papa, parce que les papas sont souvent des insatisfaits cliniques.

Ils ne savent pas se contenter d'une seule personne toute leur vie. Les papas devraient se taper le boulot, déménager une semaine sur deux. Quand ils reviendraient, il n'y aurait plus de problème, finis les soupirs à rallonge, vive le temps des retrouvailles, du glamour et des paillettes. Les papas aideraient les mamans, les mamans auraient envie de faire l'amour. Tout le monde serait heureux en famille, et ça éviterait aux enfants d'éponger.

Les papas n'auraient plus à être rattrapés un jour ou l'autre par leur vraie nature.

Ils ne suivraient plus la route de filles pas fiables, parce que leurs femmes ont fini par faire partie des meubles.

Chérie, pourquoi les mamans finissent toujours par ressembler à un lit mal fait ? Je sais c'est affreux, mon petit chat.

Parfois les papas préfèrent acheter un nouveau téléphone portable, ça les occupe pas mal la technologie, et ça coûte moins cher au début qu'une pension alimentaire.

Mais rien n'y fait.

On peut s'acheter un nouveau portable et se donner l'illusion que la passion est toujours là, il n'y a rien à faire mon amour, un jour elle s'en va, elle se casse, elle nous laisse seuls comme des rats. Les papas que la passion a abandonnés finissent par devenir des chiens morts.

C'est pour ça qu'ils changent de femme sans faire exprès, demandent du feu par accident à une autre blonde en imper beige qui rentre de l'aéroport.

C'est pour ça, trésor, qu'ils la font rire un peu, se mettent à aimer ses grandes dents, essaient de savoir si elle a des gros seins sous son pull et n'hésitent pas à lui faire des promesses en l'air.

Et la blonde de son côté leur fait comprendre en passant sa langue par-dessus sa bouche entre deux bouffées de cigarette que, pour son quatre-heures, elle mangerait bien un papa idiot à la dérive.

Qu'elle ferait bien une bouchée d'un trafiquant d'âmes comme ton père qui cherche à exister un peu.

Le papa monogame est un polygame contrarié, c'est le meilleur, le plus fort pour renverser les rôles, il arrive sans difficulté à se convaincre que sa femme le dédaigne depuis qu'elle se paie le luxe de tout faire mieux que lui, tenir la maison, s'occuper des enfants, avoir un vrai travail.

Jalousie et lassitude sont les deux mamelles de l'infidélité et du suicide conjugal.

Bref, le papa idiot n'a aucun mal à s'autoriser à coucher avec la fille blonde qu'il ne connaît pas, et se dit en la regardant sourire nue sur son lit, les jambes grandes ouvertes, qu'il est en train de tomber amoureux pour faire son intéressant.

C'est qu'en plus de tout il cultive son côté fleur bleue. Le papa usé par la routine est un cœur d'artichaut, il est gnangnan et toujours d'une épouvantable sincérité.

Dans sa tête c'est souvent la première fois qu'il a une maîtresse, parce que tu comprends, toutes les autres qu'il a eues en dix ans de mariage, ça n'a jamais vraiment compté puisque ça n'a jamais vraiment duré.

Il aime bien cette idée, il adore se dire qu'il arrive vierge, que c'est la première fois qu'il apprécie de vivre en triangle, le beurre et l'argent du leurre, le confort et l'aventure. Le caleçon au bas des chaussettes à 18 heures, dans le bac à linge à 20 heures, et la levrette H 24.

Mais, ce n'est pas à toi que je vais l'apprendre, la maîtresse a été inventée pour donner des leçons aux enfants, mais aussi aux papas qui fatalement finissent par se mordre les doigts.

Quand il a bien tout niqué, quitté sa femme, traumatisé ses gosses, déçu ses amis, perdu son boulot, enrichi un avocat, dévalisé une pharmacie et fait pousser sa barbe jusqu'aux genoux, le papa monogame réalise que ça ne marche pas avec la nouvelle dame, car personne ne veut que ça marche au fond. Et il apprend à ses dépens qu'une fois qu'on a changé de femme pour de bon, on ne peut plus faire marche arrière parce que les mamans, c'est pas sous garantie. Il est là le scandale !

Oui je sais, parfois les papas sont désespérants, mais ils finissent toujours désespérés, c'est mathématique. N'oublie jamais mon amour, les papas monogames à l'asphyxie ne sont pas les pires.

Les pires ce sont les pères de famille respectables et donneurs de leçon qui prennent le soin de fêter leur anniversaire de mariage avant d'enfiler sagement leur pyjama parce qu'ils sont trop lâches pour quitter leur femme qu'ils ne respectent plus depuis des années. Ils ont peur de perdre leur petit confort, la trouille que leur cœur se remette en marche. Ils ont les chocottes de finir seul et de devoir s'occuper de leurs enfants. Ce sont eux les vrais méchants.

À la caisse, le sourire d'Alma ressemble à mon cœur édenté.

22

À l'anniversaire d'Agathe

On entend des rires de gosses depuis le bas de la rue. Claire me demande si elle peut rester « au moisiversaire de la copine d'Alma », qui lui dit que « c'est hors de question parce que c'est un anniversaire de grands et qu'elles vont jouer et danser ».

— Mais moi je sais danser, ajoute Claire en pleurant.

Nous montons quatre à quatre les escaliers jusqu'au deuxième étage.

Chapeau pointu sur la tête, un type à moustache, légèrement dégarni, col roulé jaune sous veste en tweed, pantalon vert à revers, nous ouvre la porte. En contrechamp, une dizaine de petites filles vont et viennent dans l'appartement en faisant des grands gestes et en poussant des cris.

Il y a des guirlandes en papier, elles pendent un peu partout ; des ballons multicolores, ils vont se coller au plafond ; une banderole avec écrit « happy birthday » ; un sapin de Noël, il clignote ; des pieds de parents assis jambes croisées, ils mangent du gâteau et mettent des miettes partout ; un bébé à quatre pattes, il bave en grognant ; et un chat qui s'ennuie le long du couloir.

— Bonjour, je suis le papa d'Agathe. Chérie ! Ta copine Alma est là. Viens accueillir tes invités, nom d'un chien. Entrez, je vous en prie.

— Non merci, c'est gentil, je suis pressé, j'ai un rendez-vous.

— Ah bon ? Tu vas où papa ? me demande Alma.

— Amuse-toi bien ma chérie, je viendrai te chercher vers six heures avec Claire.

Dans la voiture, Claire me demande une chanson. Je glisse dans mon autoradio son CD préféré :

Petit escargot
Porte sur son dos
Sa maisonnette
Aussitôt qu'il pleut
Il est tout heureux
Il sort sa tête

Claire vient de s'endormir et le petit escargot continue de chanter, en boucle. C'est le mystère des enfants, ils sont capables de s'avaler deux cents fois le même DVD, d'écouter mille fois la même comptine sans jamais se lasser. À partir du moment où ils ont jeté leur dévolu, sans hésitation ils s'engagent et restent fidèles.

23

Sur le périphérique

Je roule sans but sur le périphérique, ça gronde autour de moi, je ferme la fenêtre et je me sens dans un aquarium. Je jette un œil inquiet sur mon téléphone. Toujours pas de nouvelles d'Alice. Un taxi break roule tranquille devant moi. En le dépassant, je devine des ombres, un homme, une femme, deux enfants, une famille en transit comme des milliers de familles, et je pense à nous quatre, avant, blottis les uns contre les autres, entassés dans le même taxi en route vers un aéroport.

Je revois Alice, pieds nus dans le grand hall. Elle s'amuse à faire sonner les portiques de sécurité, je revois la bouteille d'eau qu'elle tente de faire passer en douce, et son air mutin devant le douanier. Je la vois qui se cache dans les duty free et moi qui l'attends, une fille dans chaque bras, en face de la porte d'embarquement. Je l'entends qui court rejoindre les derniers passagers, je la vois qui s'installe près de nous et sa main dans la mienne pendant le décollage.

Des locations, des hôtels, des plages et les petits tracas des vacances ensemble, le temps des enfants, la nuit des parents, Alice sur une terrasse qui se ressert un verre, une clope entre les doigts, bronzée et heureuse. Les journées qui coulent avant l'orage, quand on ne se doute de rien, lovés dans la banalité du quotidien, les abris familiers, les gestes répétés, le rythme de la famille, ses valises bien rangées, toujours plus lourdes que mes sacs en pagaille. Le nombre de fois où nous partions dîner en laissant Alma et Claire seules sous leur moustiquaire, sa tête sur mes épaules, ses bras autour de mon ventre, les motos, les taxis interlopes qui ne parlaient pas anglais, les bougies sur la table qui se consumaient, les filles que nous laissions veiller tard et jouer jusqu'à l'épuisement, nos parties de cartes et nos paris idiots, les allers, les retours, nos vacances réussies.

Un an et des poussières plus tard, je réalise qu'en la quittant j'ai transformé mon présent en passé, mes habitudes en souvenirs, et que, même si tout ça m'est soudainement revenu et reste encore bien en place, même si la coque de mon navire flotte toujours, tout va bientôt se disloquer et sombrer dans l'abîme.

Un jour le flou prendra de nouveau le pas sur le net et je me sens disparaître avec cette idée, tandis qu'Alice renaît sous mes yeux. Je ne l'ai peut-être pas revue depuis plus d'un an mais, comme un aveugle, je sens tout.

Je suis un sniper niché en haut d'un clocher et je l'ai parfaitement dans ma ligne de mire.

Je la sais en compagnie, je la devine au bras d'un autre, je les regarde déambuler. Il lui tient la porte quand elle pénètre dans ce restaurant. Ils ont choisi pour leur premier week-end une destination bucolique. Il a réservé sur Internet la chambre 12 de cet hôtel de charme dont tout le monde lui a parlé. L'adresse est si attendue et tellement comme il faut que leur premier week-end se passera dans un catalogue, sans fausse note et sans fantaisie. Il en aura pour ses 400 euros et aura l'impression de passer au bras d'Alice pour un type raffiné.

Ce soir, il voudra descendre pour aller dîner, elle trouvera les arguments, il se laissera convaincre, ils opteront pour un room service. Elle se plantera devant lui dans ce grand peignoir blanc et elle lui fera son numéro, debout sur le lit, en sautillant enfantine, une coupe de champagne à la main elle éclatera de son rire enchanteur, et elle sentira renaître la joie qui l'avait quittée trop longtemps.

Ils feront l'amour encore une fois, ce sera la troisième depuis leur arrivée, elle se faufilera dans la salle de bains, elle mettra sa robe à paillettes qui couvre son buste et se fend au creux de ses reins, avant d'ouvrir au garçon d'étage.

La table dressée, il ne résistera pas, ils dîneront nus et mangeront froid. Ce ne sera pas bien grave, il y aura des silences, elle le laissera parler en premier, il comblera le vide avec des mots d'amour et des promesses, elle se méfiera beaucoup et finira par le croire un peu avant de lui avouer en biais combien elle est heureuse.

Il lui dira merci de lui faire confiance, elle le fera taire, ils commanderont une autre bouteille, un peu ivre elle demandera au serveur une assiette de fruits rouges dans un bol. Plus tard, elle lui fera goûter ses fraises en lui mettant dans la bouche, elle prendra soin de lui, il redeviendra un enfant sans se faire prier, il se laissera dorloter, médusé. Il aura l'impression de baiser sa mère, un peu, beaucoup, profondément.

Épuisé d'avoir autant joui, il s'endormira dans ses bras. Elle se retrouvera seule face à ce corps inerte. Elle fera la comparaison et je ne ferai que passer dans sa tête, car elle se dira qu'elle a gagné au change. Elle sera heureuse de ce troc que la vie lui offre, elle trouvera que les choses sont bien faites, elle aura un frisson d'optimisme comme elle a toujours eu, en n'oubliant jamais de faire confiance à son destin.

Elle rallumera son portable, fumera au moins trois cigarettes, se dégagera un peu du corps poilu de l'autre qui la serre si fort en dormant.

Elle ne fumera pas la dernière, elle l'écrasera après seulement trois bouffées, elle se lèvera du lit pour éteindre et restera dans le noir, les yeux ouverts encore un peu, penchée sur le côté droit, face à la fenêtre et ses lourds rideaux tirés.

Quand il se réveillera, il ne la trouvera pas dans leur lit. Il la découvrira assise dans le fauteuil en face, en train de boire un café. Il y aura un silence. Il lui demandera si elle a bien dormi, et elle, de lui raconter son rêve. Elle ne l'écoutera pas tout à fait. Elle lui parlera des filles, qui aident à se lever tôt et à prendre le pli. Il lui demandera si elle veut un bébé, elle ne répondra pas mais trouvera l'idée charmante. Et l'air de rien elle sortira de son portefeuille une photo de mes deux enfants.

24

Chez mes parents

Je n'aurais pas dû dire oui, mais j'ai fini par céder et j'ai accepté leur invitation à dîner. Quand on débarque chez mes parents, les filles sont surexcitées. Alma s'est mis de la tarte aux fraises un peu partout à l'anniversaire d'Agathe. Elle est repartie avec un sac de bonbons à la banane et deux sucettes au coca. Elle a les cheveux dans les yeux, ce qui exaspère ma mère. Claire raconte à son grand-père qu'elle a fait de la voiture toute la journée avec papa.

— On a écouté *Le Petit Escargot* pendant plein d'heures en roulant. J'ai fait la sieste et j'ai sucé mon pouce.

— Ah bon ? répond mon père. Et vous êtes allés où ?

— Sur le féréérique !

— J'ai un peu roulé, Alma était invitée à un anniversaire, et en attendant de la récupérer, eh bien voilà.

— Antoine, tu as toujours des idées compliquées quand même, tu aurais pu rentrer chez toi, faire dormir Claire dans son lit.

— Oui maman, je sais.

Ma mère a sorti sa brosse à cheveux et sa boîte à barrettes, qu'elle garde précieusement pour quand je lui confie les filles les cheveux dans les yeux.

On parle de la pluie et du beau temps. Mon père me sert un whisky et j'en enfile trois autres pendant que les petites passent les gâteaux apéro.

Il profite de ce que ma mère se retrouve dans la cuisine pour m'expliquer qu'elle ne dort plus à cause de moi.

— Mais qu'est-ce que tu fabriques, elle s'inquiète de te voir comme ça ! Reviens sur terre et va retrouver Alice. Antoine, je te rappelle que tu as deux enfants.

Je ne réponds pas. Je pense à ces deux mots : « Retrouver Alice. » Je me garde de lui dire le fond de ma pensée. Que cette juxtaposition effrayante n'est pas raisonnable, que la notion même de « retrouver Alice » ne peut pas plus mal tomber puisque Alice, qui ne veut plus jamais me voir, vient de disparaître définitivement, du moins en suis-je persuadé après quatre whiskys.

J'ai envie de redevenir un petit garçon bouleversé en face de mon père et de laisser couler des larmes en lui disant que « oui », je veux retrouver Alice, mais que j'ai ouvert la cage à coups de poing et de pieds, et Alice s'est envolée pour toujours. Alice est partie refaire sa vie avec l'homme qui lui tient la porte au restaurant, réserve des hôtels de luxe à la campagne et lit des histoires à mes filles pour les endormir.

Oh mon père, je suis d'accord avec toi, il faut que je retrouve Alice et ma vie d'avant.

Oui, « retrouver Alice », ça sonne bien et ça devient brusquement possible à cause encore de l'alcool dans le sang, du whisky qui balance dans mon cœur des étoiles en coton. Mais je n'avoue rien et renie tout. Je prends mon air mauvais et je ne bronche pas, je me contente d'un haussement d'épaules et je lève les yeux, l'air soûlé.

— Antoine, nous ne comprenons toujours pas pourquoi tu as fait ça.

— Papa, ça ne va pas recommencer, il y a toujours une raison, même quand il n'y en a pas. Dis à maman d'arrêter de se prendre la tête.

— Tu connais ta mère, c'est impossible.

— Antoine, on aimait beaucoup Alice, ta mère et moi. Et quand on te voit comme ça, seul avec tes filles, ça nous fait de la peine.

— Oh ! stop !

Ma mère nous demande de passer à table. Les filles n'accrochent pas trop avec sa blanquette de veau, elles veulent des frites. Chacun est agacé à cause de l'autre.

On forme deux camps, irréconciliables, j'ai envie de partir en claquant la porte. Je m'étouffe avec un grain de riz, Claire se lève pour la troisième fois pour essayer de faire pipi, puis elle pleure en réclamant Alice.

Ma mère me jette un regard appuyé et réprobateur, un peu sournoise, elle profite du chagrin de la petite pour demander aux filles comment va leur maman.

Alma coupe court avec un « ça va » énigmatique et tranchant et ça me fait replonger. Des images me traversent l'esprit. Alice est dans la voiture de l'homme, ils roulent dans le brouillard en pleine campagne, soudain un sanglier débarque de nulle part. Ce samedi 14 décembre à 21 h 17, deux amants fougueux se tuent sur la route qui les ramenait à leur hôtel à cause d'un cochon sauvage qui voulait retrouver sa laie.

C'est à ce moment-là que le téléphone sonne. Je sursaute, c'est ma sœur qui m'invite à passer Noël en famille.

De retour chez moi, je couche les enfants et envoie un mail à mes parents pour les remercier pour la bonne soirée.

25

Devant ma télé

Ma table de nuit ressemble à une pharmacie de garde.

Trois Stilnox font la conversation à ma boîte de Lexomil. Une bouteille de vodka trop chaude joue les phares et veille sur mon chagrin. J'ai juste envie de rester en boule, de m'enfoncer la tête sous ma couette et de ne plus bouger, je surveille du coin de l'œil mon portable et relis pour la centième fois le texto d'Alice.

Je tends le bras, ramasse la télécommande sous mon lit, vise, appuie sur la touche Play de mon lecteur DVD. Dexter Morgan sort de mon écran triste et plat.

Le tueur en série le plus papa poule de Miami plante un couteau de boucher dans le thorax d'un autre mauvais garçon. Ligoté, allongé sur une table, recouvert d'un plastique, ses yeux crient l'effroi.

Dexter découpe sa victime en pièces détachées puis balance les morceaux à la mer. Il rentre chez lui, rejoint sa femme qui ne le connaît pas et embrasse des enfants qui ne sont pas les siens.

Dexter Morgan est un père de famille recomposé qui décompose ses victimes.

La famille recomposée, c'est une histoire de psychopathes et tous les pères de famille sont des tueurs en série en puissance.

Dexter pose la question de l'héritage. Que nous a-t-on transmis, qu'allons-nous transmettre à ces enfants qui sont un peu les nôtres et beaucoup ceux des autres ?

Vais-je faire de mes filles des tueuses en série ? À quoi ressemblera le patrimoine affectif d'un père égoïste qui aura tout fait pour fuir ses enfants dans les premières années de leur vie ? Que pensent Alma et Claire de Papa ?

Je suis un tueur en série frustré qui a viré mère juive et, comme Dexter, un parfait inconnu pour les femmes de ma vie.

Je n'ai jamais su dire à Alice ce que je voulais, je n'ai jamais su dire non à personne, j'ai toujours subi les envies des autres et cédé à mes pulsions. Que feront mes enfants de tout ça ?

Que retiendront-elles de leur père, une part d'ombre ou un soleil de Mars ? Un orage ou une éclaircie ? J'espère qu'elles ne tiendront pas trop compte de moi mais qu'elles comprendront pourquoi, un jour, j'ai fui la maison. J'espère que je trouverai les mots pour leur expliquer que je ne m'y suis plus senti chez moi le jour où ma femme est devenue mère, et que je n'ai pas supporté de la perdre. J'espère qu'elles ne se sentiront jamais coupables et qu'elles sauront se contenter, toute leur vie, de n'avoir eu à leurs côtés qu'une moitié de mauvais père.

Je n'ai pas la moindre envie de m'occuper des filles.

Je les vautre devant la télé comme des paquets de linge sale et je les laisse se servir dans le frigo, manger du chocolat, en mettre partout, se répandre.

Les enfants, je suis d'accord pour le chaos, mais le chaos en silence, parce que ça crie dans ma tête et que j'entends votre mère. Je suis Jeanne d'Arc, j'ai des voix d'Alice et des visions de nous deux en Dolby Surround.

J'ai toujours eu l'impression d'avoir à faire un choix, entre vous et votre mère. Je ne vous ai pas donné la vie, je vous ai donné ma femme. C'est un beau cadeau que je vous ai fait, quand même.

Je rêve de maman en fille célibataire posée nue à côté de moi, et je méprise ses silences dans la lumière blême du petit matin. Je voudrais ne plus y penser, je voudrais effacer ce message et arrêter de voir son ombre partout, je voudrais me sentir léger et de nouveau capable de m'en foutre comme il y a un an. Je donnerais cher pour revivre cet état d'innocence, pour replonger en toute confiance dans le déni et être enfin sûr de ne plus rien éprouver.

26

Au pied du sapin

J'ai fini par bouger. Les filles m'ont un peu aidé en se jetant sur moi. C'est Alma qui a mené l'assaut et m'a sauté dessus en premier, un plongeon direct sur le ventre. Claire l'a imitée et a fini sur ma tête en m'envoyant un coup de pied dans les couilles, les enfants tapent toujours sous la ceinture. Je les ai serrées fort dans mes bras, toutes les deux en même temps, et je les ai couvertes de baisers. C'était la seule façon pour moi de me redresser. J'ai regardé mon téléphone portable faire le mort une dernière fois puis je me suis décidé à l'éteindre. J'ai demandé la permission de prendre une douche à mes deux kamikazes et je leur ai promis d'exaucer un vœu pour occuper ce dimanche gris et froid de décembre. Une serviette sur le ventre et les idées bien en place, je me suis mis au garde-à-vous devant elles, et elles ont décidé d'une voix franche.

— Papa, on va aller chercher un sapin de Noël et on va le décorer, d'accord ?

Nous partons couverts comme des Esquimaux à la recherche d'un arbre de Noël suffisamment vert et beau pour trôner au milieu de leur chambre.

Les filles veulent un grand sapin maigre mais je les convaincs de prendre un petit trapu, plus costaud qu'une longue ficelle, plus étoffé, plus robuste, pour qu'elles puissent accrocher plus de boules et que le Père Noël puisse déposer plus de cadeaux autour. Il est certes moins dingue et charismatique que le géant fil de fer, mais plus prometteur au final.

On dégage un peu la chambre et profite de l'installation du sapin pour faire un tri, vider quatre sacs-poubelle de n'importe quoi : bouts de Barbie mutilées, bribes de marchandes mâchouillées, pièces de puzzle déchirées, vestiges des Noëls passés, sans état d'âme aucun, et même dans une certaine joie. Les séparations amoureuses des grands devraient s'inspirer du tri des jouets des enfants qui, ingrats comme des chats, savent joyeusement se résoudre aux adieux.

Je sors d'une boîte à chaussures des guirlandes et des boules blanches.

J'ai acheté tout ça l'année dernière pour fêter, un peu grande gueule, mon premier Noël sans ma femme. Et puis j'ai trouvé ça ridicule, dans la dernière ligne droite j'ai laissé tomber l'idée du sapin et je n'ai rien fêté du tout.

— Les boules blanches, papa, c'est trop beau !

Alma a fini sa décoration, il manque une étoile pour le haut et des anges pour les côtés.

— Je vais demander à maman si je peux en prendre à la maison.

J'ai envie d'être ailleurs. De me perdre au milieu des passants et de leurs bras chargés de cadeaux. J'ai envie de déambuler l'air pressé, de jeter mon portable et d'aller me cramer dans les bars à l'heure de l'apéro. C'est l'heure où il est encore difficile de deviner qui va vraiment finir seul, l'heure de la demi-pinte et de la demi-solitude, l'heure du doute.

J'ai envie de téléphoner à Alice pour l'insulter et j'ai envie de lui souhaiter sa mort.

Alma et Claire s'amusent à tourner autour du sapin et à le prendre en photo. Elles dansent autour de l'arbre totem. Il commence déjà à perdre ses épines.

J'enroule deux guirlandes et je branche la prise. On trouve ça joli ce bleu qui claque pendant que dehors la lumière décline tranquillement.

— Papa, à quelle heure on rentre chez nous ?

— Chez vous ? Mais vous êtes chez vous.

— Oui, mais chez maman, je veux dire.

— Écoutez, les filles, maman est partie se promener ce week-end, elle ne va pas tarder à rentrer. J'attends juste qu'elle m'envoie un message et voilà.

Alice est assise au pied du sapin.

Elle m'explique lentement, la voix hachée comme un robot, que ce n'est pas beau de mentir à ses enfants.

— Mais tu les prends pour qui, Antoine ? Si tu crois que les filles ne sentent pas que la situation t'échappe, tu te fous le doigt dans l'œil.

» Alma et Claire savent parfaitement ce que je fabrique. Elles savent très bien que j'ai quitté la ville depuis vendredi soir. Que j'ai trouvé refuge auprès de l'homme, celui qu'elles ont déjà vu plusieurs fois m'enlacer à la nuit tombée.

» Antoine, elles se doutent bien que je m'en donne à cœur joie dans leur dos, que je me roule dans la fange en te méprisant, que je m'offre, me donne, m'abandonne, dans cet hôtel de charme.

» Alma et Claire ont deviné depuis la première seconde que leur mère souhaite que le temps se fige que ce week-end ne finisse jamais.

» Les filles ont parfaitement conscience que Maman se noie dans les mots du monsieur et danse sur notre tombe en savourant sa vengeance, en pensant au mal que ça fait à Papa et en hurlant dans les draps toutes lumières allumées qu'elle n'a pas autant joui depuis sa naissance.

— Alice, arrête !

— Tu vois Antoine, j'aime tellement ma nouvelle vie que je ne prends même pas le temps d'allumer mon portable. Je suis partie me refaire le cœur, je suis une autre femme à présent, j'appartiens à un autre, et toi tu n'y peux rien. J'ai tourné la page, j'ai effacé jusqu'à nos propres enfants, je suis enfin déterminée à vivre ma vie sans toi.

27

À la fenêtre

Toujours pas de nouvelles d'Alice.

Est-ce qu'Alice pense à moi quand elle jouit ?

Je croyais en la quittant qu'un jour elle me ferait payer l'addition, mais qu'elle laisserait les filles en dehors, qu'elle me réserverait un règlement de comptes western, seulement entre elle et moi.

Alice n'est pas du genre mauvaise mère, jusqu'ici elle a assuré, a parfaitement contrôlé la situation, a épousé dignement son statut de mère célibataire. Alice s'est calfeutrée derrière Alma et Claire, elle les a serrées contre elle pour mieux faire face à mon évasion, elle a fait bloc avec les filles, elle a trouvé en elles la force de continuer, quitte à faire sans moi, comme si rien ne s'était passé. C'est pour ça, ses silences, c'est pour ça qu'elle m'a dit qu'elle ne me reverrait jamais, pour faire comme si je n'avais jamais eu lieu, jamais traversé sa vie avant de lui renverser la sienne.

— Et si je ne revenais pas, et si je vous laissais tous les trois à votre triste sort, comment feriez-vous ? Hein, Antoine, que deviendrais-tu si je m'en allais pour de bon, si moi aussi je démissionnais comme tu l'as fait ? C'est tellement facile de partir du jour au lendemain, mais après, es-tu seulement apte à assumer jusqu'au bout de nous avoir désertées ? Imagine un instant que ton départ m'ait tuée, que ta fuite ait eu raison de moi, de mon corps. Que ton départ m'ait mise tellement KO que je ne sois plus jamais en état d'être au monde, de m'occuper des filles, de notre famille, que j'aie décidé de couper le lien pour de bon, en m'ouvrant les veines d'un coup sec.

Nous sommes dimanche soir et j'ai toujours détesté les dimanches soir. C'est pour ça que, quand je raccompagne les filles, je file directement faire la tournée des bars.

Le dimanche soir je prends mes enfants, je les lui dépose sur son paillasson. Le dimanche soir mes filles sont des colis Chronopost et je file à l'anglaise m'en jeter un, puis deux, puis trois, jusqu'à ce que l'alcool fasse son effet, jusqu'à ce que mon sang soit sucré, jusqu'à ce que mes jambes ne me portent plus et que je retourne d'où je viens, dans mon petit appartement merdique, minable et désert, où seul l'écho d'Alma et de Claire me parle encore.

Le dimanche soir j'ai ma conscience pour moi, celle d'avoir fait le job avec mes enfants, et je m'autorise un peu à relâcher la pression. Parfois je sors, je commence ma semaine de célibataire, je vais errer comme un chien dans les rues, les bars et les boîtes, je vais me frotter contre les réverbères, laper un peu les caniveaux, chercher une caresse ou deux dans les bras de filles qui acceptent encore de m'écouter. Elles me font passer la frontière, la ligne du dimanche au lundi matin pour que je puisse partir du bon pied vers ma nouvelle semaine.

Pendant mes errances canines, Alice gère la baraque, donne le dernier bain, raconte la dernière histoire de la semaine, prépare la petite troupe à faire sa rentrée.

Je fais des allers-retours entre la cuisine et la fenêtre de ma chambre. Je sens qu'elle va finir par se pointer et appeler les enfants d'en bas. Je découpe des pommes que je fais bouillir dans l'eau. Ce soir c'est boudin noir pour tout le monde.

Je monte le son de la radio. J'occupe l'espace et gagne du temps pendant que les filles finissent de prendre leur bain, et je prie pour ne plus l'entendre.

Je leur explique que maman m'a laissé un message, qu'on s'est arrangés tous les deux et que ce soir elles restent à la maison, que c'est un peu la fête. Elles ont l'air de marcher, ça les rassure que j'invente cette histoire.

28

Au bord du lac

Alice me fait face, elle me tend la main, elle m'entraîne dans la chambre des filles pour que nous les regardions dormir un peu ensemble, en se tenant par le bout d'un doigt.

Je veux la toucher, sentir ses cheveux. Elle se défile, repasse de l'autre côté du lit, part et revient. Alice plante son regard dans le mien.

— Raconte-moi, Antoine, raconte-moi l'histoire du lac.

— Alice, ça fait dix ans.

— Oui Antoine. Raconte-moi le lac et ses lumières, tous ces gens autour qui chantaient et dansaient pour le nouveau millénaire. Et toi sur le bord de cette plage artificielle qui me regardait. T'attendais-tu seulement à nous, ce soir-là ?

— Alice, je ne sais pas.

— Souviens-toi, Antoine. Tu étais soûl ou drogué ou les deux. Peu importe. Une chose est sûre, tu avais dix ans de moins et tu étais beau.

Dix ans de moins, dix ans en moins, Alice et les bords du lac ressurgissent. Elle dansait depuis plus d'une heure quand j'ai fini par me rapprocher d'elle et de son ombre qui s'élevait gigantesque contre les rochers au bord du lac, face à la plage. Alice semblait soulever la roche, ses mains par-dessus sa tête donnaient l'impression qu'elle jonglait avec la pierre, qu'elle dominait de toutes ses forces. Son ombre élastique s'étendait le long des projecteurs roses et bleus, ses cheveux coulaient jusqu'au bord de l'eau, la tête en arrière elle fixait le ciel et tendait son corps de danseuse. Les autres formaient un cercle naturel autour d'elle et l'encourageaient dans sa transe, portée par la solennité de l'instant, le passage au nouveau siècle.

Alice était le spectacle, tous les regards convergeaient vers elle quand les douze coups de minuit ont fini par sonner.

Ce fut un déluge de feux, de hurlements et de joie qui jaillit, des mains se saisirent d'elle et la transportèrent encore plus haut, la brandirent comme un trophée naïf célébrant l'entrée dans une nouvelle ère.

Alice tenait la dragée haute à toutes les filles de la soirée qui s'interrogeaient. Qui pouvait bien la connaître et assumer cette fille pour qu'elle se donne en spectacle de cette façon ? Alice, ivre, en rajoutait au centre en jouant avec une coupe de champagne dans une main et une bouteille dans l'autre. Elle riait, et c'est d'abord de son rire que je suis tombé amoureux, un rire grave et profond, un rire de mec qui ne disait pas son corps et sa grâce, un rire désobligeant qui jurait avec son rouge à lèvres, un rire de stentor.

J'étais à côté d'elle quand ça a commencé. Une longue salve de feux et de crépitements, des bouquets qui montaient haut comme des fusées et éclataient au-dessus de nos têtes dans un rugissement d'enfer. Des parapluies de lumière déchiraient le ciel en mille corolles multicolores. Ça jaillissait de partout, tout le temps, et nos corps bondissaient à chaque déflagration, nos bouches stupéfaites s'ouvraient comme des grottes, on aurait dit que les vitres de nos yeux allaient se fendre sous le tonnerre, une pluie fine et dorée coulait sur nos corps découverts.

Nous avions chaud et froid ce soir-là, sous ce feu d'artifice qui peignait le ciel et venait mourir dans le lac. Alice s'est retrouvée à côté de moi sans que nous nous soyons vraiment regardés, je lui ai ouvert mon bras, elle est venue s'y réfugier, j'ai refermé mon piège autour de son cou, naturellement, le temps d'un bouquet final en forme de lassos qui volaient pour enlacer le corps des nuages sombres.

Quand le calme est revenu et que la musique a repris, Alice s'est détachée de moi en un éclair et, mimant un geste de danseuse entre salut et révérence, elle m'a souri :

— Je suis Alice.

J'ai murmuré mon prénom, l'air de ne pas en revenir, remarquant qu'en s'échappant elle avait laissé sur ma veste son odeur et ses longs cheveux.

J'ai disparu un long moment, le temps de me remettre de mes émotions, et quelques verres plus tard j'ai laissé l'alcool faire le reste. J'ai abandonné ma timidité sur le bord du lac et regagné la piste de danse, les corps agités et les yeux grands ouverts qui dansaient et chantaient en même temps au rythme d'une musique survoltée. J'ai navigué sur une mer furieuse, forcé ma nature à danser, et j'ai retrouvé Alice. Elle était encerclée par trois garçons qui ne cachaient plus leur intérêt pour leur proie et tentaient d'épouser sa cadence en se trémoussant à ses trousses, canards en rut qui chassaient l'antilope. Alice s'est brusquement fait coincer par son auditoire trop pressant et d'un geste souple s'est dérobée, plantant là ses aspirants soupirants d'une feinte de corps imparable. Elle était de nouveau pendue à mon bras et m'indiquait la direction de la sortie. Je ne le savais pas encore, mais je venais de faire sensation dans l'assemblée, ce soir-là, j'avais décroché le gros lot et fait une entrée fracassante dans le nouveau siècle.

Arrivée au parking, Alice m'a demandé de la raccompagner chez elle. Je n'ai pas posé de question, j'ai mis le contact, elle a posé sa tête sur mon épaule et allumé une cigarette. Quand je l'ai déposée au pied de son immeuble, elle m'a pris la main, l'a serrée très fort et m'a fait signe de la suivre.

29

Aux urgences

Claire s'est d'abord endormie, puis elle s'est mise à crier, de plus en plus fort. Je sursaute et débarque en trombe dans la chambre. Elle se tient debout au milieu. Alma ne bouge pas et dort profondément.

— Ça ne va pas chérie ?

— Papa, ça me gatte…

Elle est à vif. Sa varicelle a mis quarante-huit heures à se déclarer, boutons et pustules dévorent son visage, son dos, son ventre, et galopent sur ses jambes. Elle se gratte, elle a mal, elle ressemble à une poupée désarticulée, claque des dents et me dit qu'elle a chaud. Sa fièvre m'inquiète, je cours chercher des glaçons que j'enroule dans un torchon, je la prends dans mes bras, elle ne supporte aucun contact. Elle crie et veut s'arracher le visage. La glace la calme un peu, puis la douleur repart de plus belle. Je prends sa température, le thermomètre indique 40. J'appelle immédiatement Alice, tombe sur sa boîte vocale et ne laisse pas de message. Je lui en veux encore un peu plus de ne pas être joignable, je pense mauvaise mère, je pense mère indigne et j'ai chaud à mon tour.

Claire oscille et respire de plus en plus fort, ses yeux m'interrogent, je tente de la rassurer, puis ses démangeaisons reviennent. Elle panique et naturellement appelle sa mère en pleurant dans toute la maison.

— Je veux ma maman, maman, maman !

Et je ne sais pas quoi répondre, je lui caresse les cheveux, lui donne un biberon d'eau, lui fais couler un bain froid pour calmer sa douleur et faire tomber la fièvre. Elle a peur et je n'arrive pas à la rassurer. Alma est réveillée. Je lui explique que ce n'est rien, que Claire ne couve plus, Claire a une grosse varicelle, c'est pour ça qu'elle pleure.

— Papa, il faut appeler le docteur.

Alma a raison, mais c'est dimanche et c'est la nuit, mieux vaut filer directement aux urgences.

J'enroule Claire dans une couverture, le Doliprane fait son effet. On ne retrouve pas son doudou, ce traître a encore glissé dans un coin. Pourquoi les doudous disparaissent-ils toujours aux mauvais moments, et pourquoi les enfants tombent-ils toujours malades les jours fériés ?

Claire ne veut pas quitter mes bras, je l'allonge sur mes genoux et, dans ce froid glacial, prends le volant.

L'hôpital est une forteresse.

Il y a du monde, des enfants qui hurlent et des parents qui s'impatientent derrière le comptoir.

Un jeune infirmier calme les plus énervés. Nous patientons dans cette salle d'attente qui ressemble à un parc d'attractions déglingué où les enfants et les jouets sont dans un piteux état. Claire tremble et pleure maintenant en silence, Alma remue des cadavres de livres et me demande si j'ai prévenu maman qui doit dormir parce qu'il est tard. Sous les néons blafards, les courants d'air et les cris, je cherche, les yeux collés par la fatigue, un peu de calme. Une sirène retentit devant l'entrée. Une ambulance vient de débarquer en trombe, un brancard se déplie à toute allure, un petit corps est posé dessus, quatre infirmiers abandonnent toutes affaires cessantes leur activité, un panneau lumineux se met à clignoter, une mère effrayée tente de suivre l'engin qui roule à fond dans le long couloir. Nous n'avons pas eu le temps de comprendre, le petit est déjà au bloc. Un père demande des explications, une femme lui dit qu'un enfant vient de se faire renverser par une voiture en traversant la rue, qu'il est entre la vie et la mort. Et je me demande pourquoi nous sommes venus ici pour une simple varicelle.

Alice n'aurait jamais fait un truc pareil, ce n'était pas son genre de paniquer.

— Mon pauvre ami, tu es vraiment une chochotte qui fait n'importe quoi. Mais qu'est-ce qui t'a pris de trimballer les filles dans un endroit pareil ? Tu as perdu tes moyens devant la varicelle de Claire. C'est grotesque.

Alice a raison.

À ma place elle aurait gardé son calme, elle n'aurait pas oublié de lui donner les antibiotiques prescrits par le Dr Richard vendredi. Elle lui aurait coupé les ongles très courts et donné un bain d'eau tiède mélangé à un peu de bicarbonate de soude pour diminuer les démangeaisons et éviter la surinfection. Oui, elle l'aurait prise dans son lit et en aucun cas elle n'aurait débarqué au creux de la nuit dans cet hôpital.

Claire somnole. Je décide de rentrer.

— Mais papa, on n'a pas vu le médecin.

Alma ne comprend rien.

— Ce n'est pas grave ma chérie, ça va aller, j'appellerai le Dr Richard, demain.

30

Au petit déjeuner

Jouets, papiers, stylos, livres, vêtements, il y en a partout dans la maison. Je n'ai rien rangé du week-end et les filles ont agrandi leur territoire, colonisé l'appartement et transformé le salon en salle de jeux, leur chambre en champ de bataille. Elles ont construit une tente au pied du sapin avec deux chaises, quelques serviettes, une grande couverture et leurs robes de chambre. Elles ont fabriqué une pancarte de fortune, l'écriture pattes de mouche d'Alma est très lisible pour une fois : « interdit aux adultes ».

Claire est pleine de boutons, elle se souvient à peine de notre passage éclair à l'hôpital et trouve que son biberon est trop froid.

Alma est toujours en chemise de nuit, elle grogne, bossue, devant son bol de Chocapic. Elle insiste pour apporter sa DS à l'école parce qu'elle veut montrer un jeu et échanger un CD de *High School Musical* avec des copines pendant la récré.

— C'est quoi ce truc encore ?

— C'est la série trop bien avec le chanteur trop beau.

— Alma, on ne va pas à l'école avec sa DS, et on n'échange pas des CD comme ça.

— Je veux mettre une robe.

— Claire, ça va pas recommencer.

— Je veux mettre une jupe !

— J'ai dit non. Dépêchez-vous, on va être en retard.

J'appelle la nounou de Claire pour lui demander de venir la chercher et de l'emmener chez le pédiatre.

— Papa, je veux pas voir le Dr Richard.

On sonne. C'est Samira qui vient chercher Claire. Nous sommes en retard pour l'école, j'embarque Alma à toute allure dans les escaliers.

31

Dans la voiture

Ça ne roule pas. Alma n'aime pas les embouteillages et déteste être en retard. Elle boude à cause de son histoire de DS et regarde par la fenêtre, l'air absent. Mes coups d'œil au rétroviseur ne changent rien. Elle m'en veut de lui avoir dit non. Je lui tends la main par-dessus le siège passager, elle daigne tout juste m'effleurer. Je grimace, tire la langue, elle soupire, hausse les épaules. Bientôt huit ans et déjà dure en affaire.

— Alma, ne m'en veux pas.

— Mais papa, je suis grande maintenant, tu peux me faire confiance. Je voulais juste montrer ma DS à Hugo.

— C'est qui Hugo ?

— C'est pas tes affaires.

— C'est qui mon amour ?

— C'est mon amoureux.

— T'as un amoureux toi ?

— Papa, on va où à Noël ?
— Bonne question.
J'ouvre ma fenêtre et allume une cigarette.
Alma se rapproche de moi tranquillement et pose sa main sur mon épaule.
— Je sais que tu es inquiet à cause de maman.

C'est un long silence.

J'ai envie d'expliquer à Alma que je ne suis pas inquiet, juste triste d'avoir tout gâché, il y a un an, quand j'ai décidé de quitter la maison et de tout foutre en l'air, que je ne m'attendais pas à tout ça, à la douleur du vide et au manque qui monte lentement mais sûrement, gangrène le quotidien, tourne à l'obsession, se fait tourment, fantôme, boomerang et empêche de vivre sa vie. J'ai envie de lui demander pardon de lui avoir imposé mon circuit, ces bosses et ce ravin gigantesque, abysse moderne dans lequel comme tant d'autres j'ai dégringolé sans bien réfléchir aux conséquences de la chute libre.
J'ai envie de lui demander pardon.
Oui, Alma, pardonne-moi, mon enfant, encore et encore de n'avoir pas su être là du temps du « nous » ensemble, de ne pas en avoir fait assez, de ne pas avoir pris ma part, de ne pas m'être occupé de toi avant, de n'avoir jamais joué ni même lu des histoires. Pardonne-moi d'avoir eu la flemme de te changer tes couches, de te donner ton bain, de te chauffer ton biberon, de t'apprendre à manger avec une fourchette, de ne pas t'avoir fait décou-

vrir l'odeur de l'herbe coupée, le parfum du printemps, de n'avoir pas pris la peine de faire plus tôt, tout simplement, connaissance avec toi.

Oui, je regrette, coincé dans ces embouteillages de merde, un lundi matin de décembre, le pare-brise recouvert de buée, de n'avoir jamais su être un père de famille en famille et d'avoir attendu Waterloo pour essayer de le devenir, un peu, trop tard, à moitié, à mi-temps, une semaine sur deux.

Oui, je regrette, mon cœur, mon amour, ma beauté, mon astre, d'avoir tellement délégué, de ne pas avoir profité de notre noyau, d'avoir toujours fui et laissé tomber tout le monde pour des chimères.

Je ne suis qu'une caricature de changement de vie seulement guidée par l'ennui et le manque d'imagination.

Je suis celui ma fille qui n'a pas pu, un jour dans sa vie de grand, transformer la matière en changeant, en évoluant.

À défaut d'être magicien, j'ai baissé les bras. Super Papa de mes fesses.

Abracadabra qui fait pschitt.

Alors ta mère dans tout ça, c'est la suite logique.

Ta mère, mon amour, n'allait pas attendre indéfiniment que je comprenne et revienne. Elle n'allait pas m'ouvrir un beau matin de décembre son cœur piétiné pour repartir de plus belle comme dans les comédies romantiques. Parce que, ma douceur, la vie n'est pas une comédie romantique, la vie est pleine de surprises, c'est vrai, mais au bout d'un moment c'est une chienne qui te tourne le dos si tu ne fais pas attention, si tu oublies de te contenter, de vivre simplement et si tu attends trop des portes que ton désir te pousse à ouvrir, n'importe quand, n'importe comment.

Malgré les serments, les promesses, les échanges de sang et les coups de couteau, personne n'est irremplaçable, c'est la loi implacable de l'existence. Le plus difficile, vois-tu, c'est de savoir quand il faut partir et quand il faut rester. Le plus compliqué, mon ange, c'est le discernement, pour ne pas vivre à contretemps, à contrecœur, à contre-courant. Le plus important, ma fille, c'est d'être toujours sincère, même lorsque l'on se trompe de chemin et que l'on finit par se prendre un mur en béton armé.

Parce que si l'on triche, si l'on doute et si l'on a peur, on devient un poison pour soi et pour le monde. Lorsque j'ai quitté maman, je ne savais pas tout ça. J'ignorais qu'elle pourrait réussir là où j'échouerais lamentablement, à me remplacer par un autre, sans doute meilleur que moi, ce qui j'en conviens aujourd'hui n'est pas le plus difficile.

— Papa ?

— Oui, mon cœur.

— Je vais encore être la dernière à l'école.

Alma insiste pour descendre au feu rouge. Elle ouvre la portière et file. Nous n'avons pas le temps de nous embrasser. Je regarde disparaître ses deux couettes devant la porte de l'école. Mlle Sauvignon tape des mains dans le froid glacial pour presser les retardataires. Elle salue de loin les derniers parents qui s'en vont face au vent. Le trottoir se vide en un éclair, quelques flocons maigrichons viennent fondre sur le sol boueux. Mon téléphone vibre, j'ai un nouveau message.

32

Au bar de l'école

J'écoute Samira m'expliquer sur mon répondeur que le Dr Richard ne comprend pas pourquoi Claire est dans son cabinet à 8 h 45, alors quelle l'a vue vendredi soir.

— Il suffisait de la garder au chaud et de suivre le traitement contre sa varicelle. Ne vous inquiétez pas Monsieur Antoine, je ne lui ai rien dit pour l'hôpital.

J'avance jusqu'à la porte de l'école, place ma tête à travers les barreaux pour essayer d'entrevoir ma fille une dernière fois.

Alma a l'air heureuse, j'envie sa légèreté, la capacité des enfants à naviguer d'un monde à l'autre, à changer de sujet sans jamais se perdre de vue. Alma, je suis si fier de toi, de Claire, de vous. J'envie vos yeux d'enfants, votre manière si belle de dédramatiser l'existence.

J'ai soif et fonce vers le bar d'en face m'enfiler deux calvas.

À l'instant même où je franchis la porte, je la reconnais. Elle s'est installée à notre table, face à la vitre latérale qui donne sur l'école, deuxième rangée, juste devant le flipper où nous avions l'habitude de jouer avant.

C'est elle qui avait insisté pour m'apprendre, l'occasion de me mettre de sacrées branlées en enchaînant les extraballes, dès 9 heures du mat.

Je ne sais pas pourquoi, un matin, on a arrêté de se tordre les poignets sur la machine et d'essayer, pour tromper le destin d'une boule en métal, de soulever la bête à coups de genou.

Mais on avait gardé l'habitude de s'asseoir là, deuxième rangée, vitre latérale, juste en face de la cour d'Alma cachée derrière un épais grillage et une jungle verdâtre été comme hiver. On avait chéri ce café sale et miteux qui tranchait avec l'allure proprette du quartier, son école bien sous tous rapports et sa caravane de belles bagnoles qui crachait chaque matin son quota d'enfants bien coiffés.

On l'avait aimé pour son comptoir en forme de zigzag, l'odeur de sa bière à 9 heures, ses piliers de bar et ses garçons mal aimables qui, à nous, souriaient toujours.

La chaise qui lui fait face est vide.

Elle n'a pas osé venir avec l'autre, elle n'a pas souhaité faire les présentations. C'est certain, l'homme l'attend dans la voiture, au chaud.

Elle porte un bonnet noir et un manteau assorti que je ne connais pas, un jean sombre et des bottes qui lui montent au-dessus des genoux. Je me dis qu'elle m'observe depuis un moment quand lentement elle tourne le regard vers moi et sans un geste me fait signe de la rejoindre.

C'est curieux, mais d'abord je ne m'étonne pas plus que ça de la voir ce matin. Non, je ne suis pas stupéfait, même si ça fait des mois, même si ça fait un an que nous ne nous sommes pas regardés en face, que je n'ai pas senti son odeur, qu'elle a disparu de mon écran radar, du moins physiquement.

Je m'approche. Contrairement à mes rêves, ses contours sont d'abord flous, son allure blur. J'ai l'impression de sortir de la pénombre et d'être ébloui par un projecteur surpuissant. Enfin, ses traits se font nets d'un seul coup, une parfaite mise au point.

Je ne trouve pas qu'elle ait beaucoup changé, en fait c'est pire, je sens qu'elle s'est métamorphosée.

— Bonjour Antoine.

— Ça alors, une revenante.

— Antoine…

— Je sais, tu es venue m'annoncer ton mariage ?

— Non, Antoine, je suis venue te demander le divorce.

— C'est bien ce que je pensais. C'est qui ? Je le connais ? Ça fait longtemps ?

— Ne commence pas.

— Alice, ça fait un an que tu joues la femme invisible, puis tu m'envoies un texto pour me dire que…

— J'avais besoin d'être seule et tu vois ça n'a pas duré longtemps.

— Mais tu n'étais pas seule, tu étais avec l'autre, et vous avez passé le week-end à vous envoyer en l'air pendant que je m'occupais des filles. Elles le connaissent ? Alice, est-ce que tu as présenté ton mec aux enfants ?

— Antoine, je n'ai personne dans ma vie.

— Je te connais, Alice. Je te connais par cœur.

— Non, Antoine, tu ne me connais pas.

— Il te baise bien au moins ?

— N'inverse pas les rôles, Antoine, je te rappelle que c'est toi qui es parti pour une autre, il y a un an.

— Oui, c'est moi qui t'ai quittée, mais c'est toi qui m'abandonnes. C'est toi qui as disparu et qui te repointes du jour au lendemain pour m'annoncer ton mariage.

— Pas mon mariage, notre divorce.

— Je n'ai pas envie de divorcer.

— Il va bien falloir.

— Pourquoi tu m'as fait ça ? Pourquoi tu n'as pas voulu me voir pendant tout ce temps ?

— Je ne pouvais pas.

— Et maintenant tu peux, parce que tu es tombée amoureuse d'un autre.

— Ça n'a rien à voir, Antoine.

— Tu étais où ce week-end, et avec qui ?

— J'ai pris un avocat. Tout est dans cette enveloppe.

— Alice, dis-moi ce que tu as fabriqué.

— Antoine, j'avais besoin d'être seule. Ce que j'ai fait, ça n'appartient qu'à moi. Je ne te dirai rien de plus. Je veux juste en finir avec toi.

Puis Alice se lève et s'en va. Je veux dire qu'elle ne disparaît pas, pour une fois. Non, elle prend le temps, tranquillement : poker face. Un visage de pierre, sans fard ni couronne, une tête froide, des yeux inexpressifs, pas un mot, pas un geste, pas un souffle. Elle se lève en toute quiétude, pleine de grâce, c'est elle qui contrôle l'espace, comme je le faisais dans la cuisine, le soir où je lui ai annoncé mon départ, sauf que dans la cuisine je faisais semblant. Aujourd'hui c'est à son tour, c'est la même chose et c'est différent parce que quand Alice franchit la porte, je sais qu'il n'y a plus rien à faire, qu'il est inutile de lui courir après, qu'elle ne reviendra pas. Les hommes qui partent reviennent toujours dormir sur le paillasson, car ils conduisent en regardant la vie dans le rétro ; les femmes qui s'en vont passent la seconde, puis le mur du son.

La vérité, c'est qu'elles savent depuis le début que ça ne sert à rien les regrets.

J'ouvre l'enveloppe. Une lettre d'avocat pose les modalités à l'amiable de notre séparation. Tandis que je trempe mon sucre dans mon café froid, mon amour bascule dans la catégorie statistique du tribunal de grande instance. Bureau des affaires familiales. Section A cabinet 3. N° RG : 08/36158

REMERCIEMENTS

Special Thanks to :

Marion la femme centaure, le prince Nico, Audrey the one, Lola the queen, l'ami Jacques indispensable, l'incroyable Stéphane B, la Chevalerie team, Érick, Thibaut, Cola, Mutti et les mystères de la chambre bleue, mes parents, l'écurie royale et les sensations fortes, Michel and Co et les galopeurs… Les fantômes de la résidence, Le Diable et ses habitants… Julien, Charles Réponse-à-tout, Cédrick et Anne le Cinquième Élément…

And of course, LA bête et mes filles chéries adorées : Gaia-Lou, Tosca et Bianca.

Composition réalisée par Datagrafix

Achevé d'imprimer en février 2012 en France par
CPI BRODARD ET TAUPIN
La Flèche (Sarthe)
N° d'impression : 67784
Dépôt légal 1re publication : mars 2012
LIBRAIRIE GÉNÉRALE FRANÇAISE
31, rue de Fleurus – 75278 Paris Cedex 06

31/6675/8